Marcos Flaksman

Universos Paralelos

Marcos Flaksman

Universos Paralelos

WAGNER DE ASSIS

imprensaoficial

GOVERNO DO ESTADO
DE SÃO PAULO

Governador Alberto Goldman

imprensaoficial Imprensa Oficial do Estado de São Paulo

Diretor-presidente Hubert Alquéres

Coleção Aplauso

Coordenador Geral Rubens Ewald Filho

No passado está a história do futuro

A Imprensa Oficial muito tem contribuído com a sociedade no papel que lhe cabe: a democratização de conhecimento por meio da leitura.

A Coleção Aplauso, lançada em 2004, é um exemplo bem-sucedido desse intento. Os temas nela abordados, como biografias de atores, diretores e dramaturgos, são garantia de que um fragmento da memória cultural do país será preservado. Por meio de conversas informais com jornalistas, a história dos artistas é transcrita em primeira pessoa, o que confere grande fluidez ao texto, conquistando mais e mais leitores.

Assim, muitas dessas figuras que tiveram importância fundamental para as artes cênicas brasileiras têm sido resgatadas do esquecimento. Mesmo o nome daqueles que já partiram são frequentemente evocados pela voz de seus companheiros de palco ou de seus biógrafos. Ou seja, nessas histórias que se cruzam, verdadeiros mitos são redescobertos e imortalizados.

E não só o público tem reconhecido a importância e a qualidade da Aplauso. Em 2008, a Coleção foi laureada com o mais importante prêmio da área editorial do Brasil: o Jabuti. Concedido pela Câmara Brasileira do Livro (CBL), a edição especial sobre Raul Cortez ganhou na categoria biografia.

Mas o que começou modestamente tomou vulto e novos temas passaram a integrar a Coleção ao longo desses anos. Hoje, a Aplauso inclui inúmeros outros temas correlatos como a história das pioneiras TVs brasileiras, companhias de dança, roteiros de filmes, peças de teatro e uma parte dedicada à música, com biografias de compositores, cantores, maestros, etc.

Para o final deste ano de 2010, está previsto o lançamento de 80 títulos, que se juntarão aos 220 já lançados até aqui. Destes, a maioria foi disponibilizada em acervo digital que pode ser acessado pela internet gratuitamente. Sem dúvida, essa ação constitui grande passo para difusão da nossa cultura entre estudantes, pesquisadores e leitores simplesmente interessados nas histórias.

Com tudo isso, a Coleção Aplauso passa a fazer parte ela própria de uma história na qual personagens ficcionais se misturam à daqueles que os criaram, e que por sua vez compõe algumas páginas de outra muito maior: a história do Brasil.

Boa leitura.

Alberto Goldman

Governador do Estado de São Paulo

Coleção Aplauso

O que lembro, tenho.

Guimarães Rosa

A Coleção Aplauso, concebida pela Imprensa Oficial, visa resgatar a memória da cultura nacional, biografando atores, atrizes e diretores que compõem a cena brasileira nas áreas de cinema, teatro e televisão. Foram selecionados escritores com largo currículo em jornalismo cultural para esse trabalho em que a história cênica e audiovisual brasileiras vem sendo reconstituída de maneira singular. Em entrevistas e encontros sucessivos estreita-se o contato entre biógrafos e biogra-fados. Arquivos de documentos e imagens são pesquisados, e o universo que se reconstitui a partir do cotidiano e do fazer dessas personalidades permite reconstruir sua trajetória.

A decisão sobre o depoimento de cada um na primeira pessoa mantém o aspecto de tradição oral dos relatos, tornando o texto coloquial, como se o biografado falasse diretamente ao leitor.

Um aspecto importante da Coleção é que os resultados obtidos ultrapassam simples registros biográficos, revelando ao leitor facetas que também caracterizam o artista e seu ofício. Biógrafo e biografado se colocaram em reflexões que se estenderam sobre a formação intelectual e ideológica do artista, contextualizada na história brasileira.

São inúmeros os artistas a apontar o importante papel que tiveram os livros e a leitura em sua vida, deixando transparecer a firmeza do pensamento crítico ou denunciando preconceitos seculares que atrasaram e continuam atrasando nosso país. Muitos mostraram a importância para a sua formação terem atuado tanto no teatro quanto no cinema e na televisão, adquirindo, linguagens diferenciadas – analisando-as com suas particularidades.

Muitos títulos exploram o universo íntimo e psicológico do artista, revelando as circunstâncias que o conduziram à arte, como se abrigasse em si mesmo desde sempre, a complexidade dos personagens.

São livros que, além de atrair o grande público, interessarão igualmente aos estudiosos das artes cênicas, pois na Coleção Aplauso foi discutido o processo de criação que concerne ao teatro, ao cinema e à televisão. Foram abordadas a construção dos personagens, a análise, a história, a importância e a atualidade de alguns deles. Também foram examinados o relacionamento dos artistas com seus pares e diretores, os processos e as possibilidades de correção de erros no exercício do teatro e do cinema, a diferença entre esses veículos e a expressão de suas linguagens.

Se algum fator específico conduziu ao sucesso da Coleção Aplauso – e merece ser destacado –, é o interesse do leitor brasileiro em conhecer o percurso cultural de seu país.

À Imprensa Oficial e sua equipe coube reunir um bom time de jornalistas, organizar com eficácia a pesquisa documental e iconográfica e contar com a disposição e o empenho dos artistas, diretores, dramaturgos e roteiristas. Com a Coleção em curso, configurada e com identidade consolidada, constatamos que os sortilégios que envolvem palco, cenas, coxias, sets de filmagem, textos, imagens e palavras conjugados, e todos esses seres especiais – que neste universo transitam, transmutam e vivem – também nos tomaram e sensibilizaram.

É esse material cultural e de reflexão que pode ser agora compartilhado com os leitores de todo o Brasil.

Hubert Alquéres
Diretor-presidente
Imprensa Oficial do Estado de São Paulo

Sumário

Introdução

Antes de qualquer coisa, gostaria de convidar o prezado leitor a iniciar a leitura desta obra pela parte final, onde se encontra o capítulo dedicado a listar os trabalhos do nosso homenageado, o cenógrafo Marcos Flaksman. Mas não dê apenas uma leve olhada. Preste atenção por alguns minutos.

Trata-se dos últimos 40 anos da vida cultural brasileira. Um universo onde esteve gente como Fernanda Montenegro e Fernando Torres, Paulo Autran, William Shakespeare, Bertold Brecht, Plínio Marcos, Nelson Rodrigues, Carlos Vereza, Antonio Pedro, Celso Nunes, Mozart, Garcia Lorca, Villa-Lobos, Sonia Braga, Hector Babenco, Fauzi Arap, Oduvaldo Vianna Filho, José Vicente, Eurípedes, Elis Regina. Mais? Gustav Mahler, Sófocles, Eugene O'Neill, Paulo Afonso Grisoli, Jean Paul Sartre. A lista não pára e passa da centena. Parece infinita. E cheia de luz. Todos esses talentos, de uma forma ou de outra, compõem um deslumbrante painel da carreira de um grande nome da arte dramática brasileira. Eles são o universo de Marcos Flaksman.

É realmente uma obra portentosa. Mostra o quanto um homem pode fazer pelo teatro ou pelo cinema. E, para variar um pouco, pelas óperas, pelos shows, pela arquitetura do espetáculo. Vale, com justiça, começar com elogio. Porque as palmas aos atores dos espetáculos ou filmes mencionados também foram encaminhadas para ele. Sua obra é exemplo de como coxia e bastidores são vitais para seus realizadores. Foi com esses autores, atores, gênios maiores ou menores, que Marcos construiu uma estrada própria – cenográfica talvez – para contar sua história, muito verídica, que estende-se além das fronteiras de incontáveis palcos brasileiros, faz uma curva em palcos europeus, um pit-stop em Hollywood e volta pra cá.

A Coleção Aplauso tem a virtude de ter, entre seus leitores, muitos estudantes. Não por acaso, esta também é uma preocupação na confecção das biografias. E foi justamente pensando neste público que, impressionado, me deparei com a obra de Marcos. Todo mundo que pretende fazer teatro ou cinema deveria conhecê-la.

Arquiteto por formação, graduado em cenografia e arquitetura teatral, ele ostenta créditos de diretor, figurinista, diretor de arte, production designer e, de quebra, quase guerrilheiro nas horas mais duras das décadas de chumbo. Sua arte, sua arma. Doce mistério, o mesmo ímpeto que o fazia lutar pelo Brasil livre movia-o a um galpão de cenários velhos para roubar madeiras para suas montagens quando dinheiro era pouco e vontade de fazer peça era muita.

Hoje, Marcos parece um senhor-menino (ou seria um menino-senhor?) que ainda quer brincar de recriar mundos em duas, três ou quantas dimensões forem necessárias. A pesquisa iconográfica de suas peças e filmes demorou 18 meses e percebe-se que, infelizmente, o tempo venceu em alguns casos e os registros se perderam. Entretanto, entre caixas e mais caixas com papéis, projetos, negativos, fotos em sépia, recortes de jornais, encontravam-se juntos momentos inesquecíveis do teatro brasileiro. O passado brilha mesmo na poeira do tempo.

Como não poderia deixar de ser, o profissional tão acostumado a recriar mundos em seus mínimos detalhes também demonstrou extrema atenção a este projeto. Na verdade, aqui vai um segredo: lá no cantinho de seu hard drive, numa pasta tímida e escondida, havia um arquivo com algumas linhas jogadas sobre suas memórias. Literatura, eis um novo universo a ser desvendado.

Talvez por isso, Marcos fez-se dono do seu discurso e colaborou nos verbos e predicados do texto literalmente. Evitou todo e qualquer julgamento de valor, com muita propriedade. Poderia fazê-lo porque tem bagagem suficiente para ensinar grande parte da nova geração que busca seu espaço nos palcos e telas brasileiras. Mas não o fez. Deixa as aulas e as críticas para os cursos que ministra.

Todavia, não deixou de contar com prazer detalhes de seu trabalho, desde a idéia à realização. São exemplos de quem inventou sem medo. Errou algumas vezes, como o tal espelho invertido. Mas, principalmente, são histórias que complementam as imagens com riqueza de detalhes. Por isso, ao relembrar, ele não se arrepende; ao refletir sobre o presente, não teme; ao pensar no futuro, Marcos deixa os olhos brilharem esperando apenas quando será a próxima vez que poderá experimentar um novo universo. Será um novo ângulo ainda intocado? Uma nova forma de usar a luz? Quem sabe é a arte. Ela é quem dita as regras a serem quebradas. Deixa somente pistas para o entendimento do homem novo que renasce a cada espetáculo e filme. Até porque o trabalho vai ser gerado da explosão criativa que só acontece àqueles que sabem o que é brincar de deus, mesmo que pequenos, temporais, falíveis e conscientes de suas naturezas humanas. Não por acaso, este é um livro sobre universos paralelos. De Marcos Flaksman.

Com a palavra... Marcos Flaksman

Capítulo I

Entrar num teatro sempre provocou uma mudança no meu estado de espírito, algo como uma sensação estranha de estar num espaço mágico, fora do mundo real. Acho que as pessoas que têm fé sentem o mesmo, ou algo semelhante, ao entrarem num templo ou igreja.

Diante de um espetáculo teatral, essa experiência, mesmo depois de tantas vezes repetida, é sempre um momento único, de comunhão, que envolve um misterioso e poderoso ritual de troca de energias: a magia de ser conduzido para uma outra dimensão onde vingam uma nova ordem e uma nova realidade, que se desenrolam diante de nós. Onde o que está acontecendo à nossa frente – que não passa de uma encenação – transforma-se nesse novo mundo, uma recriação do real. Coisa que só acontece no teatro. Um ingresso no mundo da arte.

Já construí teatros e dirigi peças. Fiz cenografia de muitas outras. Conheço alguns truques dessa mágica, mas sempre sou levado na viagem quando sento para assistir a um espetáculo. Não dá pra escapar. É mais forte do que eu. Por isso é que insisto em comparar com a experiência religiosa que não tenho. Mesmo num espaço mais despojado, com tablado, vinte cadeiras, sem luz, sem nada, apenas um ator, meu olhar, assim como o do público, é gentilmente conduzido para essa outra realidade onde tudo pode. Onde as todas as leis podem ser subvertidas, bem como todas as noções que nos norteiam fora da sala, de tempo, de realidade, de verdade, de sonho e de mentiras. Permissão e liberdade totais para reinventar, discutir, protestar, rir e chorar.

Não quero ficar teorizando sobre teatro. Mas, para começar, quero dizer que adoro o meu trabalho, a concepção, o mistério que o envolve em todos os estágios. E imagino que todos os que façam teatro sintam o mesmo.

Posso imaginar que essa minha paixão pelo teatro – e pelo cinema – teve sua origem na infância. Eu detestava a realidade nua e crua, como todas as crianças. Tinha o meu mundo particular, recriado por mim, para mim. Isso não é uma particularidade minha. Um monte de crianças tem. Em mim, era algo muito forte. Tive amigo invisível e tudo. Acho que procurar o teatro significou procurar uma licença para sonhar. Isso foi mais forte que tudo. Minha vida não seria mais só a vida real. Tinha uma hora que era só pular a linha, e então, lá do outro lado, tudo era possível.

Marcos Flaksman. Foto de Myriam Porto

Eu fui descobrindo a minha vocação assim.

Fui fazer teatro amador. Enfrentei violenta reação da minha família. Também pensei muito em psicanálise como profissão. Fiz arquitetura de 1962 a 66. Depois do curso na Faculdade Nacional, ganhei uma bolsa de estudos livres de Arquitetura Teatral e Cenografia do Governo Francês e do Itamarati e, em 1967, e parte de 1968, descobri a Europa.

Acontece que, quando encontrei o teatro, percebi que poderia ter a possibilidade de conviver com uma gente que acreditava na força da criação e da imaginação para mudar tudo, mudar o mundo, reinventar o que desejava e, mais ainda, onde você não precisa explicar nada.

A princípio, queria ser ator. Abdiquei de fazer o personagem Caliban em A Tempestade, de William Shakespeare, para fazer o cenário. Para felicidade geral da nação e graças aos deuses do teatro, fui desistindo de interpretar. Troquei meu lugar no elenco pelo direito de desenhar o cenário para a peça. Uma troca. Foi assim.

Eu não considero um cenário uma obra de arte. Mas um espetáculo pode ser. Mostrar cenário vazio é risco. Ele precisa de ator, luz, para existir. Por isso, expor maquete de cenografia, por exemplo, me parece inútil. A cenografia não é apenas uma questão plástica, escultural, ligada às artes plásticas ou arquitetura. Besteira. Todos os livros sobre cenografia falam disso: fase dos pintores, dos escultores, dos arquitetos. Acho que está errado. Cenografia está ligada indissoluvelmente à dramaturgia. Ela faz uso de instrumentos para isso, e, aí sim, arquitetura, artes plásticas, pintura, escultura, iluminação. Não desprezo o conhecimento do instrumental. Ao contrário, quanto mais, melhor. Para recriar o universo num espaço cênico, com cenografia, é preciso, ao menos, conhecer geometria espacial. Senão, não dá.

Não tenho um método de trabalho. Quando estou engajado num projeto fico ligado nas situações que me remetem a ele, em qualquer momento do dia. Anoto mentalmente imagens, sensações, emoções, qualquer referência que possa me ajudar no que chamo de captura da imagem. Em cima desse conjunto de imagens que vão sendo capturadas, vamos tentando fazer sentido. Não sento para anotar idéias. Vou me encharcando do tom, da atmosfera. Busco referências. Gosto de ver pintura. Vou à procura de olhares irmãos. Viajo.

Teatro (assim como o cinema) é uma arte coletiva. Gosto da gente de teatro. É o meu povo. É ali que me sinto em meu ninho. Foi ali que criei asas. É por isso que estou ainda lá, depois de tanto tempo, por toda minha vida.

Capítulo II

24 Frames e Outro Mundo Novo

Cinema de ficção também é uma reescritura do real. A diferença para o documentário é justamente essa. A direção de arte no cinema vai um pouco além da cenografia. E a parceria se multiplica. De 4 a 40 mãos. A função é diferente, o barato é diferente.

Acho – embora o mercado não concorde com isso – que diretor de arte precisa ter sido cenógrafo ou, ao menos, ter o mesmo instrumental do cenógrafo. Senão cai na história de escrever música com quem não sabe ler partitura. Acontece que atualmente esse é um crédito muito vulnerável à picaretagem, já que filmar em locação é possível, e locação não é um palco vazio.

Para trabalhar com cenografia é preciso ter formação. Não se trata de formação em artes plásticas, arquitetura ou prendas domésticas. É uma formação específica, que envolve o estudo da História da Dramaturgia, a História do Edifício Teatral, História da Arte. Não é um conjunto de informações vagas. Hoje, há a exigência de curso superior para o exercício da profissão, mas tudo tem seu jeito. O desconhecimento da natureza e a extensão da função induzem produtores e diretores, seguidamente, a erro. E é no cinema que eles ocorrem com freqüência.

Sou diretor de arte de cinema, mas mexo também, obrigatoriamente, com cenografia. No cinema, aliar técnica, talento e conhecimento de todo o processo de produção de um filme é fundamental. Assim como no teatro é preciso mergulhar na dramaturgia também, claro, mas as ferramentas utilizadas são outras. E os filtros também. A fotografia somada aos processos químico ou eletrônico-digital vem antes do olho do espectador.

Um diretor de arte tem uma função muito específica e nítida num filme. Não é só a de cenógrafo, mas está diretamente ligado a ela. No departamento de arte de um filme bons colaboradores são fundamentais para o bom resultado do trabalho: o coordenador de produção cenográfica, o decorador de set, os produtores de objetos, os contra-regras, os cenotécnicos e toda a turma de construção e acabamento, os pintores, pintores de arte, os aderecistas, escultores, forradores, tapeceiros e cortineiros, bombeiros hidráulicos, eletricistas e os efeito-especialistas.

O diretor de arte está ligado também, no lado criativo, ao figurino, à direção de fotografia, além da direção do filme. É a partir desta colaboração que se decidem as texturas, as tabelas de cor, o comportamento narrativo da câmera, o formato do quadro, o jogo de lentes, os equipamentos etc. Não há realismo no cinema de ficção – tudo é uma grande mentira. Às vezes, acho que para ser um bom diretor de arte, você deveria ser um bom falsário.

Acho preguiçoso, no mínimo, classificar a direção de arte, bem como o figurino e a fotografia, como equipe técnica. Está errado. O certo seria chamar (se é que tem de chamar de alguma coisa) de equipe de criação. É isso!

No teatro, basta sentar-se na platéia, ver com seus próprios olhos para mudar na hora a luz ou qualquer outro elemento. Cinema não pode esperar. E o resultado só é visto no dia seguinte para se saber que não ficou como se desejava ou se é preciso refazer. E a imagem captada e vista ao vivo ontem já passou por todos os filtros. O que se vê é o que ficou hoje e para sempre.

De qualquer forma, é necessário manter permanentemente uma visão global do resultado pretendido, que não se vê concentrado num espaço durante um período de tempo, como no teatro. O controle das partes que vão formar o todo na área visual é também função do Diretor de Arte no cinema.

Hoje, os filmes têm o apoio maciço da tecnologia. Ótimo. O computador veio para ser mais uma ferramenta no processo de trabalho. O mercado é voraz, um filme é um produto caro, demanda velocidade, planejamento. Decisões a respeito da maneira de obtenção das imagens se dão na fase de pré-produção, em colegiado, e o Diretor de Arte está lá. Os procedimentos de pós-produção podem ser muito caros e isso pesa na decisão. Na finalização, o Diretor de Arte não está mais lá. Mas a tendência disso é mudar.

Essas novas tecnologias têm progressos constantes e avaliar a sua utilização, tanto em termos de resultado na tela como de resultado econômico flutuam também. Os níveis em que se darão essas interferências estão em nossas mãos. Não é bom olhar para a tela e pensar: olha uma criação de computador ali! Se inventarem outra coisa daqui a dez anos, o seu bom uso vai continuar dependendo do talento da equipe e da qualidade do roteiro.

Em geral, a grande obra cinematográfica não mudou ao longo dos tempos, mesmo com tantas ferramentas novas. Ninguém passa essas questões técnicas na frente quando vai fazer um filme. Se começar a passar, está errando.

Para fazer uma direção de arte cooperativa, eficiente e competente também, mostrando uma costura ao longo da história, é importante saber que não se pode ficar na frente da história. Tudo pode ser feito. Até porcaria. Mas não se pode atrapalhar a viagem do expectador. É preciso respeitar a essência do cinema e do teatro – que é proporcionar uma viagem para o público a um universo paralelo.

Tenho um respeito imenso pelo público. A resposta deste no teatro é imediata, pessoal, presente, o aplauso ou a vaia. É a resposta à viagem proporcionada, às emoções, às revelações, o convívio com os instantes de criação, onda que só deixa a pessoa voltar ao real quando sai da sala. No cinema, com as luzes apagadas, somos tomados pela emoção também, mas a comunhão e seu arrepio deixam de existir. É assim que vejo.

Eu ganho a vida recriando realidades, mas tento entender a realidade em que vivo sem fantasias. O fato de abusarmos do direito de viver no mundo de mentira não implica em misturá-lo com o real. Ao contrário, devemos respeitar o fato de termos um palanque.

Estou em campo há muito tempo. Sou contratado por produtores que querem qualidade e resultado; mesmo assim, ainda tem coisas que digo que não sei fazer – e não faço – por simplesmente respeitar o público. Não aceito entrar num projeto se não for para cooperar e somar. Para quebrar o galho, não faço.

Em compensação, para mergulhar naquele novo universo, para viver aquela ficção com paixão, para reclamar, brigar pela melhor idéia, até sentir a alma lívida quando as luzes se apagarem e o show começar, e, depois, sentir a energia e o arrepio da emoção no ar, estamos aí!

Capítulo III

Teatro

A Tempestade, de William Shakespeare, 1964

A Tempestade foi meu primeiro trabalho. Shakespeare... Eu tinha 19 anos. Sinceramente? Foi um ato de irresponsabilidade juvenil aceitar fazer. O cenário tinha um aspecto interessante porque foi feito com estrutura tubular. Hoje, isso é muito comum. Mas, na época, não. Era uma idéia transgressora.

O primeiro ato é curto e passa-se num barco onde está em curso uma conspiração política. Somos apresentados aos personagens que, em breve, naufragarão. Ao final desse ato, o barco naufraga. No segundo ato, nos encontramos em uma ilha encantada, e lá permanecemos, com um mago, Próspero, seres angelicais, como Miranda, espíritos voadores como Ariel e um monstro, Caliban.

Um parêntesis: desde que comecei a desenhar cenários via o palco como um universo onde as coisas se criam, e não o chão da terra, onde as coisas se constroem. Por isso, sempre dei preferência a colocar um piso sobre o palco para que a representação acontecesse ali. Isolar a caixa cênica da intervenção cenográfica.

Havia então, nesse caso, um tablado construído sobre o piso do palco, apoiado numa estrutura metálica. Integrado na mesma estrutura, um elevador de obras sustentado por uma corda que passava por uma polia, acoplada à lâminas de espelho e um motor. Ao fundo, a grande vela do navio, do primeiro ato, pendurada do urdimento, fazia às vezes de nuvem sobre a ilha, no segundo. O mago subia no elevador e ia até o céu, onde aparecia no alto, sobre a nuvem. Os espelhos jogavam luzes para todos os lados. As magias de Próspero eram realizadas com a ajuda dessa nuvem. Ao final do espetáculo, ela estava cheia de lixo de Próspero.

Os ortodoxos não gostaram. Mas confesso que fiquei encantado com o resultado, com o mundo de possibilidades que se abria. Tomei gosto pela coisa, definitivamente.

Cenas de **A Tempestade**

Capa do programa de **A Tempestade**, de Willian Shakespeare

O cenário **de Mortos sem Sepultura**, de Jean Paul Sartre

Mortos Sem Sepultura, de Jean Paul Sartre, 1965

Fomos montar Mortos Sem Sepultura, do Sartre, num teatro de três lados. Um espaço elizabetano. É o formato que mais gosto até hoje. Era um barracão chamado Teatro de Arena da Guanabara. Tinha um tablado junto a uma das paredes e o público sentava ao redor.

Pensei muito sobre como fazer um cenário para que a ação se passasse sem privilegiar um dos lados. A história acontecia numa casa de dois andares. Num deles, os homens da resistência ficavam recolhidos; no outro, eram torturados. A ação era durante a ocupação da França, na Segunda Guerra.

Dividimos o espaço como se fosse um jogo da velha. O quadrado do meio era uma área de representação comum aos dois cenários. Os quadrados extremos do jogo da velha eram usados, em duas diagonais, para caracterizar um espaço ou outro, com peças de cenários. A luz, acendendo a diagonal A ou B, determinava onde se passava a ação. Foi um sucesso.

No elenco, Paulo Cesar Peréio, Aldo de Maio, Ary Coslov, Tetê Medina, Moysés Aichemblat, entre outros.

A Vida Impressa em Dólar, de Clifford Oddets, 1965

Este cenário nasceu de um convite profissional, o primeiro que recebi. Fabio Sabag iria produzir Awake and Sing, de Clifford Odets, no Teatro Dulcina, cujo titulo em português é A Vida Impressa em Dólar. Ele convidou o Grisolli, que tinha dirigido o Mortos Sem Sepultura, para um novo trabalho. Fui embutido na encomenda.

Desta vez, era encarar uma verdadeira caixa cênica de um teatro à italiana. O Teatro Dulcina tinha platéia e balcão. Um pé direito alto, de sala de platéia. Isso conferia certo ar solene à atmosfera do espaço. Um verdadeiro teatro, um templo.

Tinha a cortina que, quando se abria, as luzes acendiam e – surpresa! – lá estava o cenário onde dividiríamos as frustrações, alegrias, tristezas e esperanças com nossos novos conhecidos, os personagens.

A peça se passava na época da quebra da depressão americana, lá pelos anos 30/40, na América. Num apartamento de classe média empobrecida. O importante nesta viagem para um cenário de interior quase realista, como queríamos, era encontrar uma chave visual. Investimos numa idéia que ficou conosco para sempre: o ângulo reto em cena.

Sempre me incomodaram os gabinetes tradicionais, com a parede do fundo paralela à boca-de-cena e as outras em perspectiva falsa. Sempre tive a impressão que nós reconhecemos os triedros ou pedaços dele, como parte do mundo real. Nos interiores dos apartamentos que vivemos, o ângulo reto reina.

Como então construir um espaço arquitetônico, no palco, onde a gente não perdesse os ângulos retos? Cortamos os retângulos pela diagonal. Adeus parede paralela ao fundo. E construímos as vigas para indicar o teto. Papel de parede. Muita umidade escorrendo pelas vigas. Móveis gastos e velhos.

Cenas de **A Vida Impressa em Dólar**, de Clifford Odetts

HOTEL

E tinha mais uma coisinha. A caixa do palco? Podia ser a caixa preta. Pronto. Mas, no espetáculo, no final, o Arthur vinha lá de dentro no meio da noite – ele ouvia um ruído qualquer – atravessava a cena e entrava na cozinha. Surgia de novo e sentava-se numa banqueta, no centro da sala, e chamava pela filha que tinha acabado de deixar o lar. A cortina começava a fechar.

De repente, acende o mundo lá de fora. É um vislumbre do mundo exterior feito com restos e pedaços de cenários velhos, uns pneus, umas escadas construídas, um letreiro de hotel. E pronto, um, dois, três e a cortina fechou. Aplausos. Quando abre novamente a visão se foi. Tudo apagado.

Um superelenco: Arthur Costa Filho, Jorge Cherques, Ivan Cândido, Camila Amado.

Yoná Magalhães e Ivan Cândido em cena de **Terror e Miséria do III Reich**, de Bertold Brecht

Programa da peça **Terror e Miséria**

Terror e Miséria do Terceiro Reich, de Bertold Brecht, 1966

Meu primeiro Brecht. Foi interessante. O cenário era constituído de uma passarela suspensa, fechada embaixo, no nível do piso do palco, por uma série de portas pivotantes. Como essa peça é um somatório de esquetes curtos sobre a ascensão do III Reich, um panorama da escalada do terror, as cenas se passavam à frente do palco, e as imagens formadas no fundo as ilustravam. A questão é que, nesta época, vivíamos aqui uma espécie de escalada da ditadura militar, que culminaria no AI-5, em 1968. O pessoal do CCC (Comando de Caça aos Comunistas) não gostou.

O espetáculo foi vítima de um atentado terrorista: jogaram uma bomba na porta do Teatro Serrador. Era uma época barra pesada. Fui preso (e solto logo depois) porque tinha pintado umas imagens do Papa Pio XII no cenário e os milicos diziam que estava parecido com o Paulo VI, que era comunista. Eu disse pro cara: Meu amigo, a idéia foi minha, quem pintou fui eu, mas o cenário não é de minha propriedade, não posso tirar nada sem autorização. Fala com o produtor! E ele respondeu: O painel não é teu, a tinta não é tua, mas quem vai em cana é você!

A peça ficou em cartaz, depois dos painéis censurados e cobertos com tecido preto. O Grisolli se dava ao trabalho de subir ao palco antes de cada seção e dizer, painel por painel, aqui, leiam isso, ali vejam aquilo. Mas a bomba encerrou a carreira da peça.

Sr. Puntilla e seu Criado Matti, de Bertold Brecht, 1966

Conheci o Flavio Rangel na produção de Sr. Puntilla e seu Criado Matti, outro Brecht, uma das maiores produções de teatro realizadas até então no Brasil. Flávio era uma grande estrela. E, no elenco, mais outras grandes estrelas: Jardel Filho, Ítalo Rossi, Célia Biar, Rosita Tomás Lopes, Napoleão Muniz Freire, Cláudio Correa e Castro entre outros mais jovens como Joana Fomm, Ítala Nandi, Isabel Ribeiro, José Wilker, Peréio, Cécil Thiré.

Sofri bastante, porque queria fazer trocas mecanizadas (como nos musicais americanos). Olhei muito para os padrões europeus, também. E tinha toda a teoria a respeito do teatro de Brecht e o distanciamento. Muita informação e muita confusão.

HOTEL DE
TAVASTO

Em 68, fui para Berlim ver o festival em memória dos 10 anos da morte do Brecht. E meu queixo caiu. Porque o Berliner Ensemble não era o teatro operário despojado como eu imaginara. Era um teatro parecido com o Teatro Municipal, estilo neoclássico. O palco tinha recursos que eu nunca tinha visto até então: mecânicas aéreas, palcos giratórios enormes, possibilidades incríveis. E tudo era grandioso. Entendi melhor o seu teatro e vi espetáculos maravilhosos (não todos que queria, porque o ingresso era caro). Cheguei a fazer estudos para Um Homem é um Homem e para Mãe Coragem depois disso, mas os espetáculos infelizmente não se realizaram. Fiquei devendo ao Brecht.

Quatro Num Quarto, de Valentin Katayev, 1967

Um espetáculo que o Zé Celso trouxe para o Rio com o pessoal do Teatro Oficina a fim de tentar ganhar um dinheiro porque o Oficina, em São Paulo, havia incendiado. É uma peça muito divertida, do russo Katayev. Um vaudeville. Na época, o Zé Celso já estava tendo uns delírios pré-tropicalistas e o espetáculo era engraçado. Foi um grande sucesso no Rio e cumpriu seu papel para o renascimento do Oficina das cinzas.

Cena de **Sr. Puntilla e seu Criado Matti**, de Bertold Brecht

Cenas de **Quatro num Quarto**, de Valentin Katayev, com Ítala Nandi, Renato Borghi, Dirce Migliaccio e Fernando Peixoto

teatro oficina
DERLY MARQUES FOTOS
KATAIEV TEXTO
QUATRO num QUARTO
J CELSO M CORRÊA
DIREÇÃO
CENOGRAFIA
MARCOS FLAKSMANN

Cenas de **Quatro num Quarto**, de Valentin Katayev,
com Ítala Nandi, Renato Borghi, Dirce Migliaccio e Fernando Peixoto

Dois Perdidos Numa Noite Suja, de Plínio Marcos, 1967

O Fauzi Arap e o Nelson Xavier me procuraram com o Ginaldo de Souza para uma produção de um autor desconhecido que tinha sido montada em SP e considerada escandalosa – o autor chamava-se Plínio Marcos.

Fiz cenário e figurinos. Gosto muito desse trabalho também – usei o ângulo reto novamente e apenas duas paredes. Simples. Numa delas, fiz uma passagem do cenográfico pro real com um painel de madeira passando a uma parede de tijolos reais.

Os personagens moravam num tabique dentro de uma obra. Era um espetáculo forte, uma peça que hoje é um clássico. É dos meus preferidos. O fato é que, na época, o Plínio Marcos explodiu em todo o Brasil.

Cenas de **Dois Perdidos numa Noite Suja**, de Plínio Marcos

Hipólito, de Eurípedes, 1968

Na arquitetura grega, a imagem dos deuses está eternizada no Homem. Esse foi um trabalho com liberdade na criação do espaço de ação dramática; e ela traduziu-se num caixão colocado em cena, em posição vertical.

Ao mesmo tempo, esculturas foram feitas por mim mesmo em blocos de isopor. Passei noites cortando, raspando e queimando isopor dentro do velho galpão do Serviço Nacional de Teatro, lá na rua do Lavradio. Noites solo. Usei faca, garfo, serrote, pente de ferro para esticar cabelos, fios incandescentes. Assim que as esculturas estavam prontas, executamos estruturas simples de sarrafos pintados de preto para montá-las flutuando acima do chão.

Cenas de **Hipólito**, de Euripedes

Cartaz de **Hipólito**

TEATRO DE ARTE apresenta

HIPÓLITO (Fedra) DE EURÍPIDES

Cenas de **Hipólito**, de Eurípedes

Cenas de **Hipólito**,
de Eurípedes

O Assalto, de José Vicente, 1969

Há uma tese de mestrado sobre essa peça. Um aluno defendeu a poética do palco, algo do gênero. O interessante neste cenário é que ele tinha uma perspectiva forçada – resolvi contrariar o discurso do ângulo reto dessa vez. E ainda usei metal e repeti uma tentativa que até hoje ainda não consegui fazer satisfatoriamente: uma das colunas tinha um espelho que girava no final do espetáculo em direção ao público. Minha vontade era a de que o público se visse refletido. Mas não ficou exatamente como eu queria por conta de angulação.

Era um espetáculo contundente, dentro de um teatro novo que surgia das mãos de Rubens Corrêa e Ivan de Albuquerque. Tivemos vários problemas com a polícia política. A Norma Bengell produzia o espetáculo.

Fizemos uso retumbante da luz estroboscópica, criando o efeito de câmera lenta quando um personagem morre no final. Foi um sucesso danado.

Os Convalescentes, de José Vicente, 1969

Considero este meu melhor trabalho no teatro.

A história interligava algumas pessoas da classe média brasileira diante da opção da luta armada. O cenário era um cubo, hexaedro perfeito, colocado bem no meio do palco, com suas faces verticais divididas no meio. Era uma estrutura de madeira com uma tela metálica, tornando o interior visível. Inventamos um sistema simples para movimentá-lo, com suportes presos ao teto, segurando as faces verticais, que pivotavam até a posição horizontal. As portas ficavam flutuando sobre a cabeça dos atores, equilibradas por um sistema de contra-peso fixado no eixo do pivot, passando por dentro da estrutura e terminando junto ao teto em uma barra de chumbo. Fiquei encantado com o resultado.

Em Paris, na montagem francesa do mesmo espetáculo, dirigido pela Gilda Grillo, levamos parte do material de navio e montamos o mesmo cubo – mas a estrutura foi criada num cinema. Era um espetáculo um tanto marginal, mas teve uma repercussão política boa. Fui preso por causa dele também quando voltei – acusado de estar denegrindo a imagem do Brasil dizendo que havia tortura por aqui.

Cena de **O Assalto**, de José Vicente

Cena de **Os Convalescentes**, de José Vicente

Cenas de **Os Convalescentes**, de José Vicente

SERIA CÔMICO... SE NÃO FOSSE SÉRIO

, 1973

Eu estava chegando de volta ao Brasil, em 1973, quando fui chamado pelo Celso Nunes para trabalhar com a Fernanda Montenegro e o Fernando Torres. Eles eram arrendatários do teatro da Maison de France, no Rio.

Nosso primeiro trabalho foi Play Strindberg – cujo titulo em português era Seria Cômico se não Fosse Sério, escrito por Durrenmat, direção do Celso Nunes. Era um espetáculo deslumbrante. A história era uma relação perversa de um casal isolado numa ilha. E o autor dizia que não era uma peça, mas um embate em dez rounds. E sugeria que tudo se passasse como se fosse num ringue de boxe. Então, a idéia do cenário, que acho linda, era um queijo redondo, como uma ilha, um universo do isolamento e da solidão, simbolizado no piso todo em azul e o fundo em azul também, como se mar e céu se encontrassem sem horizonte, sem a menor indicação de terra à vista, uma visão infinita.

Sobre a ilha, como se fosse uma coroa, havia um aro metálico, com aspecto moderníssimo, com números que, a cada round, ou a cada nova cena, acendiam indicando em qual estágio a luta estava.

A ilha – que, na verdade, era a casa desse casal, com móveis e tudo – flutuava no meio do oceano infinito. Era uma imagem muito melancólica e que dava exatamente a noção da atmosfera daquele lar. Muito bonito. Gosto muito deste cenário por ter contribuído com sua parte num grande momento teatral.

A Fernanda já estava no auge de sua carreira, que dura até hoje, e o Fernando já era esse grande ator. O elenco tinha ainda o Mauro Mendonça.

Por incrível que pareça, os produtores não conseguiram manter o espetáculo em cartaz pelo tempo que merecia por não o considerarem um grande sucesso de bilheteria. Nessa época, ter dois terços da platéia lotada era considerado fracasso, porque eles estavam acostumados com teatro cheio sempre. Se você consegue colocar uma platéia de dois terços do teatro hoje em dia, o produtor chora de alegria.

Convocaram uma reunião de urgência. E o Fernando Torres resolveu dirigir O Amante de Madame Vidal, para substituir o espetáculo.

Cartaz **Seria Cômico se não Fosse Sério,**
de Friedrich Dürrenmatt

páginas seguintes – **Cenas do espetáculo**

SERIA CÔMICO ...
SE NÃO FOSSE SÉRIO.

(PLAY STRINDBERG)

Teatro
em revista

maison de franc

Cenas do espetáculo
Seria Cômico se não Fosse Sério,
de Friedrich Dürrenmatt. Fotos Sebastião Lacerda

O Amante de Madame Vidal, de Verneuil, 1973

O Amante de Madame Vidal era um espetáculo muito bem ajustado, com um elenco brilhante: Fernanda Montenegro, Otávio Augusto, Rogério Fróes, Jorge Chaia, entre outros. Mas não era nada de excepcional como cenário; era corriqueiro, até engraçado, com lindos figurinos da Kalma Murtinho. Eram três cenários num palco sem mecânica alguma, exíguo, como o da Maison de France. Nós resolvemos o problema com superposição de imagens, de paredes. Nas paredes, as marcas para montagem em turnê, davam um toque simpático. Nada mais.

A peça estreou ainda no final de 73. Nós ganhamos quase todos os prêmios. A melhor cenografia também. Na hora de agradecer, disse que a crítica tinha comido mosca, porque nós merecíamos os prêmios, mas pelo outro espetáculo.

Cartaz **O Amante de Madame Vidal**

Cenas do espetáculo

Cenas do espetáculo
O Amante de Madame Vidal, de Verneuil

CORIOLANO

, 1974

Outro Shakespeare. Direção do Celso Nunes, uma produção do Paulo Autran. Uma tarefa e tanto. Paulo foi um grande companheiro de trabalho, pela paixão desmedida que demonstrava pelo teatro e pela curiosidade da descoberta, que uma montagem como essa proporciona. Celso também compartilhava dessas paixões.

Eu gostava muito das colunas imensas que subiam do piso cenográfico. Montávamos palácios, cidades, interior de castelos e tribunais, só com as colunas. Criamos também uma rampa ao contrário para criar o surgimento das tropas pelo fundo palco nas cenas de batalha. A rampa estava de frente para a platéia – o exercito entrava em cena na direção do público. Era possível criar uma tensão vendo os soldados aparecerem aos poucos, os capacetes, lanças.

Na época, 1974, eu estava exercitando uma outra teoria que me fazia investigar a luz. Desta forma, achava que a cenografia deveria ser, antes de tudo, um anteparo de luz no palco. Que todo e qualquer elemento cenográfico tinha que trabalhar para a luz. Ou contraluz. Isso dava a essas colunas um aspecto medonho ou poderoso, conforme a cena. Eram sempre as mesmas colunas, mas colocadas e iluminadas de forma diferente. O mesmo acontecia com a rampa.

Cartaz de **Coriolano**

Cena do espetáculo

Um exemplo disso: numa cena em que Coriolano visita disfarçado a cidadela inimiga, a cenografia proporciona ao protagonista um esconderijo na sombra, em contraluz, de uma grande coluna, mas quase na boca de cena, em primeiríssimo plano. Shakespeare conta que o personagem está escondido na sombra do beco. Nós o escondemos em primeiro plano para mostrar as suas reações, em close. Isso era o melhor.

Desenhei os figurinos, que foram criados a partir de exercícios com Celso e os atores. Neste espetáculo, com um grande elenco, tive marcante encontro com Madame Morineau. Enfim, Shakespeare sempre resiste, e é deslumbrante.

Cena espetáculo **Coriolano**, de William Shakeaspeare

Maquete e estudos de iluminação

Dr. Knock, de Jules Romain, 1974

Um cenário quase de opereta. Uma comédia de costumes, muito engraçada. A estrutura parecida com a da Comedia dell'Arte: um tablado e os painéis pintados ao fundo. A gente usava também o truque das pequenas árvores sobre esteira, passando em primeiro plano, recortadas contra o fundo de campo francês, enquanto o carro (que parecia um desses carros que os palhaços usam nos circos) estava em movimento. Mais uma atuação brilhante de Paulo Autran e todo o elenco, no qual se destacava a maravilhosa Dirce Migliaccio.

Cena de **Dr. Knock**, de Jules Romain

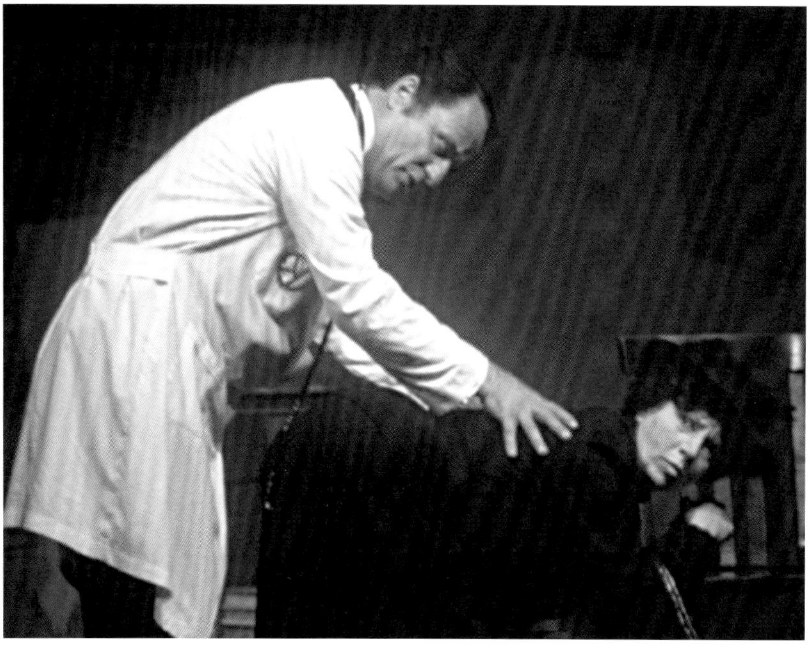

Cenas de **Dr. Knock**

Dr. KNOCK

"SÓ SE CONHECE VERDADEIRAMENTE UM HOMEM, QUANDO ELE ADMINISTRA O PODER E EXECUTA AS LEIS"
ANTÍGONA

Antígona, de Sófocles, adaptação de Millôr Fernandes, 1974

Aqui, a segunda tentativa de usar o espelho para mostrar a platéia no final. Havia rampas montadas em primeiro plano e o espelho de 8 metros de altura no fundo. Uma espécie de fosso, com água vermelha no meio, dividia o espaço do castelo e o do povo.

A idéia era que, quando o império do Creonte desabava, as colunas do castelo desabariam também. O grande espelho cairia e os reflexos, no espelho, virariam junto, lentamente, mostrando o público de cabeça pra baixo. Inventivo? Pois é. Não deu muito certo de novo por causa da angulação da platéia. Só o pessoal das primeiras filas tinha noção do efeito.

De qualquer forma, a descida dessa grande estrutura que segurava o espelho e pivotava para a frente criava uma ponte que vinha quase sobre a platéia. Antígona, interpretada por Maria Fernanda, vinha até sua ponta, recitando o monólogo final. Ela passava literalmente por cima do poder derrotado.

Cartaz de **Antígona**, de Sófocles

Cenas de **Antígona**, de Sófocles. Fotos Bina Fonyat

Fernanda Montenegro e Zanoni Ferrite em cena de **Antígona**,
de Sófocles, adaptaçãode Millôr Fernandes

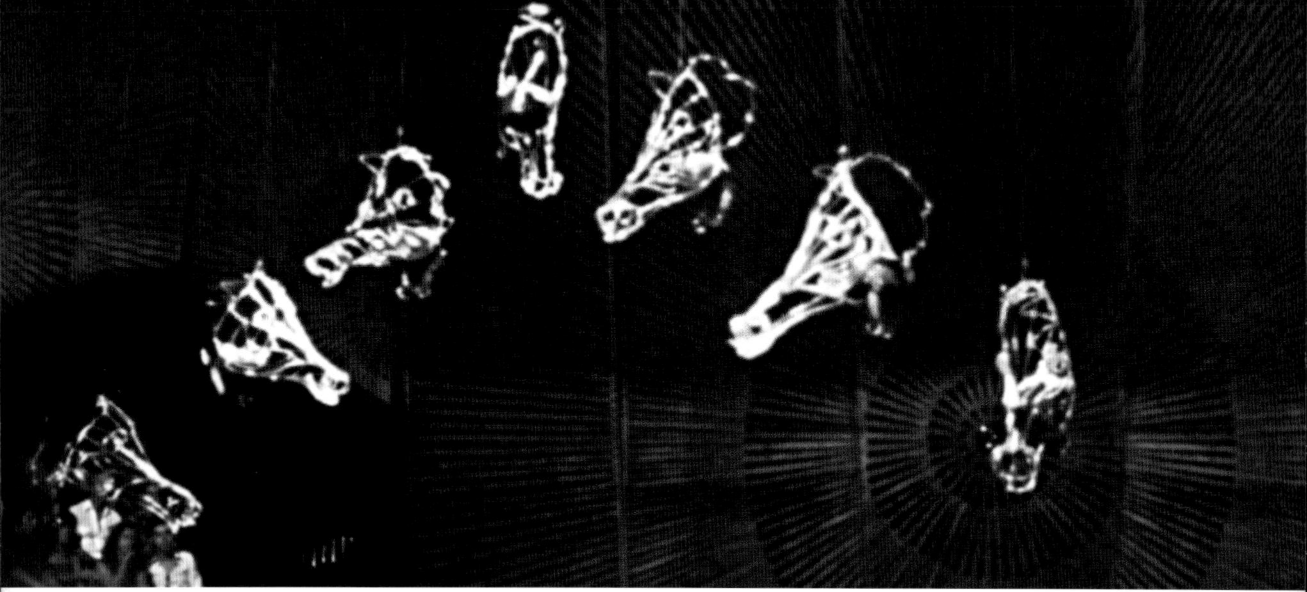

Equus, de Peter Shaffer, 1975 / 76

Fiz dois cenários para esse espetáculo, que montamos duas vezes – uma em São Paulo e, um ano depois, no Rio de Janeiro.

Em São Paulo, Celso Nunes queria ter no palco uma caixa acústica. Pois lá estava ela, no fundo, com o nome da peça escrito sobre labaredas. Havia a sugestão do autor e nós acatamos: presença de parte da platéia no palco, uma plataforma giratória, as cadeiras de espera para os personagens que não estavam em ação. A estrutura de um psicodrama. Arquibancadas ladeavam o palco. Isso valeu para ambas as montagens.

Mas o diferencial estava no fundo do cenário e o que criamos para o Rio era deslumbrante. Explico: a história da peça era sobre o tratamento de um menino perturbado cujo crime era ter cegado cavalos em uma cocheira. Um psiquiatra conduzia a investigação sobre os porquês dessa brutalidade que partia de uma alma juvenil extremamente atormentada.

Como o olho era muito presente na história, uma grande íris, toda em sarrafos – quilômetros de sarrafos, uma fortuna!_ reinava montada em painéis contíguos, no fundo e nas laterais do palco, envolvendo parte da platéia e a área da ação. No momento em que o menino cegava os cavalos, a pupila acendia lentamente, um refletor poderoso, de 2000W, apontado diretamente no público, que ficava cego também. As temporadas marcaram grande sucesso, tanto em São Paulo como no Rio. Na estréia em São Paulo, Paulo Autran e Everton de Castro. No Rio, Paulo Autran e Ricardo Blat. Outros elencos se sucederam.

Cenas e cenário de **Equus**, de Peter

EQUUS

EQUUS
PAULO AUTRAN

EQUUS

teatro

Pano de Boca, de Fauzi Arap, 1975

Um espetáculo sobre um grupo de teatro em apuros, contada a partir de dois personagens à procura de um autor. Uma montagem que foi feita em cooperativa. Um cenário de teatro abandonado dentro de um palco de teatro real.

Para fazer face à empreitada, com muito pouco dinheiro, pegamos restos de cenários antigos, emprestados, pegamos também algum material emprestado (roubado mesmo...) e recriamos algumas citações de cenários importantes do período (usamos um telão pintado do Arlindo Rodrigues para a Dama das Camélias; reconstruímos as velas que habitavam o cenário de O Rei da Vela, de Hélio Eichbauer, tinha citação ao Gracias Señor, do Oficina também, entre outras).

No elenco, Marco Nanini, Buza Ferraz, Thaia Perez, Ginaldo da Souza, Érico de Freitas, Ivan Setta. O espetáculo foi um grande sucesso e também premiadíssimo.

Perspectiva cenário **Pano de Boca**, de Fauzi Arap
Cena do espetáculo
páginas seguintes – Cenas do espetáculo

A Mais Sólida Mansão, de Eugene O'Neill, 1976

Em 76, Fernando Torres e eu voltamos a nos encontrar para fazer A Mais Sólida Mansão, de O'Neill, no Teatro Glória.

Não me lembro tão bem da peça, mas tenho a impressão de que a ação se passava em vários interiores e, pelo menos, um jardim. A atmosfera em que se desenrolava a ação era pesada, cinzenta. Partindo dessas premissas, construímos a cena.

No fundo, um painel sombrio, cinza, inquieto. No palco, sobre aro rolante, um portal cinzento também sinalizava o cenário. A porta da capela do jardim, onde se dava a cena final, também estava ao fundo. Tudo cinza, na gama dos amarelos. A porta era grená, como uma ferida.

Esta foi mais uma vez em que desenhei figurinos. Os vestidos das mulheres eram todos cinzentos também, feitos do mesmo material que o painel do fundo do palco, com inserções de pretos e quase brancos. Uma cor aparecia aqui ou ali, na écharpe ou numa gravata. O espetáculo era praticamente monocromático.

Uma experiência interessantíssima. O elenco era sensacional. Além da Fernanda, Zanoni Ferrite, Yara Amaral, Hélio Ari, Ganzarolli. Além da direção do Fernando Torres, delicada e elegante, como sempre.

Cenário de **A Mais Sólida Mansão**, Eugene O´Neil

A MAIS SÓLIDA MANSÃO

de

Eugene O'Neill

Cartaz **A Mais Sólida Mansão**

Cenas do espetáculo

Trivial Simples, de Nelson Xavier, 1976

Acho que é a única direção do Ruy Guerra para o teatro.

A peça falava da luta pela sobrevivência de um casal destroçado pelo clima opressivo da época, no Brasil, sob o regime militar. O cenário era uma casa dilacerada. Tinha até um banheiro em que a banheira estava cortada ao meio. Os espaços familiares despedaçados.

Voltei a usar um elevador no palco. Dessa vez, era um efeito visual apenas, com a função de indicar a chegada do personagem masculino (interpretado pelo Peréio) em casa. O efeito elevador surgia de um porão no palco (o que era falso) e subia, luminosamente, até o plano mais alto onde se encontrava a porta de entrada. Era um lindo efeito. Montado com a máxima simplicidade. As superfícies eram translúcidas, feitas de colagem de folhas de jornal. Os objetos, reais. Tudo contra a caixa preta.

O resultado era um visual áspero. A atmosfera não era leve. A Camila Amado fazia o par, no impecável e talentosíssimo elenco. Um sucesso que teve também vários problemas com a censura, com suspensões de espetáculos em meio à temporada e outros acidentes.

Cartaz de **Trivial Simples**

Cena do espetáculo

NÓ CEGO

de Carlos Vereza

Nó Cego, de Carlos Vereza, 1978

Adoro esse trabalho. O Carlos Vereza, ator, era também o autor. Ele já tinha convidado o Antonio Pedro para fechar o elenco. Acabei dirigindo o espetáculo. Adorei ter feito este trabalho. Acho que foi um ato de gentileza de dois grandes atores, amigos, de minha geração.

O público entrava e o cadafalso estava montado, com a forca pronta. Um catador de lixo chegava e tentava convencer o soldado que estava de sentinela a desmontar o cadafalso e lhe dar a madeira já que, no dia anterior, um insurgente tinha sido enforcado e agora aquela forca não iria ter mais uso.

O soldado estava ali para evitar aglomerações. Finalmente, o catador convencia o soldado a desmontar o cadafalso – até para acabar com a glorificação do morto, ele dizia e o argumento era imbatível. A ação do espetáculo, fora um pequeno descanso em que o Antonio Pedro grelhava uma salsicha, na ponta de espeto, era o trabalho de desmontar e montar o cadafalso. O pau da forca e a corda estavam sempre.

É o tipo de cenário enxuto que diz muito. Um cadafalso, um carrinho de rolimã e uma forca. A peça é uma parábola sobre o regime militar.

O Vereza fazia o soldado e o Antonio Pedro o catador. Fez um grande sucesso. Ganhei premio da APCA como diretor estreante e um pela cenografia, no Rio. Em SP, o meu saudoso amigo Francisco Milani fez parte do elenco também. Tanto no Rio como em São Paulo, os teatros eram arenas de quatro lados. Mais uma vez se confirmava, para mim a excelência deste tipo de palco.

Cartaz **Nó Cego.** Carlos Vergara

Cenas do espetáculo **Nó Cego**

Cenas do espetáculo **Nó Cego**

, 1979

Uma peça que ficou censurada durante muito tempo e acabou sendo montada somente no final da década de 70. Eu gostei muito mesmo da peça, e de todo material de pesquisa (musical, política e social) das épocas em que a peça se desenrolava. Era um painel da vida brasileira. Vista a partir do final dos anos sessenta.

A ação acontecia num apartamento pequeno onde moravam pai, mãe e filho. O palco seria também povoado por personagens e cenas que se passam nas memórias deles.

Plantamos então um fragmento deste apartamento no meio do palco, como se fosse o núcleo de um átomo. Assim, as memórias ficavam orbitando como fossem os elétrons. O problema era fazer flutuar o núcleo.

O piso do palco, em quarteladas, foi totalmente removido e trocado por um piso translúcido: estrados de madeira que recebiam luz por baixo. Só era sólido, como a terra do mundo real, o tabladinho que continha esse fragmento, o núcleo. Os personagens dos sonhos também podiam passar por baixo do núcleo (através do porão do palco), vindo da frente, mergulhando em uma escada, desaparecendo e ressurgindo atrás do palco, e também por cima, sobre plataformas aéreas, tornando vivas as memórias. Vale a menção aos figurinos de Marília Carneiro.

Palco, cartaz e cenário de **Rasga Coração**,
de Oduvaldo Viana Filho

A Serpente, de Nelson Rodrigues, 1980

Conheci o Nelson Rodrigues através do Neville de Almeida durante as filmagens do filme Os Sete Gatinhos. Um dia, o Nelson comentou comigo que tinha uma peça inédita e tinha dado para algumas atrizes lerem, mas elas haviam recusado. Eu pedi para ler o texto – que, até hoje, é considerado uma peça menor, até mesmo em tamanho, porque só tem 50 minutos de duração - e adorei. Tinha a qualidade de texto e aquele humor inconfundível dele. E resolvemos montar. Eu queria dirigir.

A história é sobre duas irmãs que se casam no mesmo dia e vão morar no mesmo apartamento, dado pelo pai. Os quartos nupciais estão divididos por uma parede apenas. Uma delas é muito feliz no casamento. A outra não. Então, a bem-sucedida resolve emprestar o marido para a infeliz. Só que, na noite marcada, ela fica ouvindo os barulhos que a irmã está fazendo com o seu marido.

No dia seguinte, elas vão conversar. E tem num dos diálogos geniais do Nelson Rodrigues, a irmã que emprestou o marido pergunta para a outra: Como foi? E a outra responde: Posso te contar tudo, menos uma coisa!

Cenas de ensaio de **A Serpente** de Nelson Rodrigues. A atriz Sura Berditchevsky e o diretor

A SERPENT
NELSON RODRIGUES

Qualquer coisa que fosse dita não seria tão forte quanto a coisa não-dita. Mais Nelson Rodrigues impossível.

O cenário era muito legal também – tinha uma plataforma mas a parede do meio que o texto pedia devia ser composta pelo espectador. As camas, porém, estavam com as cabeceiras ligadas. O cenário sugeria um último andar. Sobre os quartos, o terraço do prédio, onde se viam as antenas de TV. A paisagem que se via através do quadro flutuante da janela era um pedaço de cidade.

O palco do Teatro Nelson Rodrigues tinha ainda espaço para um queijo, onde ficava o violoncelista de fraque tocando ao vivo uma trilha original do Maestro John Neschling. No palco, de um lado a tragédia crescente, erotismo explícito, gritos e sussurros e aquela música, criavam o clima uma atmosfera tensa, sensual. No elenco, Sura Berditchevski, Xuxa Lopes, Carlos Gregório, Cláudio Marzo e uma atriz nova, a mulata das ventas triunfais, que escolhemos num teste, chamada Yuruá.

Cartaz de **A Serpente**

Cena do espetáculo

Nada de Pânico, de Henrique Dias, 2002

Esse é um trabalho recente. É uma peça conhecida, que data da década de 1970. Uma comédia que se passa nas duas faces do palco: o cenário, de frente para a platéia, e os bastidores, com uma visão do fundo do palco. Uma comédia hilariante.

Desenhos do cenário de **Nada de Pânico**

PERSPECTIVA – 1o e 3o ATO
sem escala

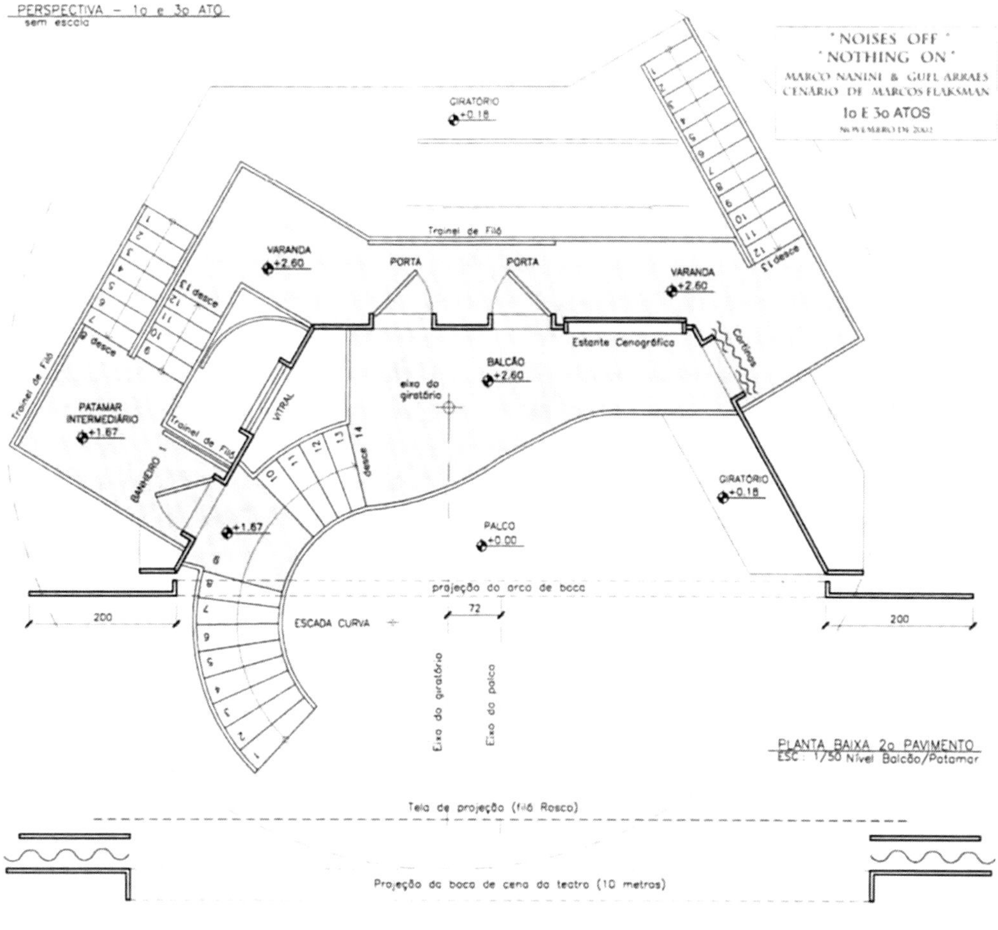

PLANTA BAIXA 2o PAVIMENTO
ESC: 1/50 Nível Balcão/Patamar

O cenário e o elenco de **Nada de Pânico**

K2, de Patrick Meyers, 2004

O espetáculo estava projetado inicialmente para ocupar o Teatro Vila Lobos, no Rio. Eu tinha projetado remover todo o piso do palco do teatro e trazer uma montanha iria desde o porão até o urdimento, numa estrutura metálica. E apenas um pedacinho desta montanha teria um acabamento cenográfico, onde os atores iriam atuar. Como se fosse um flanco de uma montanha, onde os alpinistas estariam presos e onde a história se passa.

Mas acabou não sendo nada disso. Mudou-se o espetáculo para um palco com apenas 3 metros de altura de boca e menos de metro de urdimento e tivemos que mudar o ponto de vista. Mudamos o ponto de vista do espectador de dentro da gruta da montanha para fora. Invertendo o eixo do ponto de vista o que veríamos não seria mais o flanco da montanha, e sim o espaço infinito, a mil metros de altitude. É outro trabalho recente, com direção de Celso Nunes.

K2, de Patrick Meyers

Cinema

Streets of Gold, de Joe Roth, 1986

Streets of Gold foi rodado em Nova York. Conheci Joe Roth como produtor de um filme da Metro (Where the River Runs Black), no qual também trabalhei e filmamos na Amazônia. Diretor estreante queria um olhar de imigrante judeu sobre Manhattan. Comigo mesmo. Foi uma viagem e tanto. Era uma produção independente, de baixo orçamento. Cinema é uma língua universal. Fiz muitos amigos e fui feliz.

Luar Sobre Parador, de Paul Mazursky, 1987

Luar Sobre Parador é uma comédia que se passa numa ilha governada por um ditador, que por sua vez é monitorado pela CIA. Uma comédia americana. Era uma superprodução e isso faz diferença. Eu já havia feito a direção de arte do filme The Emerald Forest, dirigido por John Boorman, uma grande produção também. O que mais me valeu nesses trabalhos foi a escola de organização de equipe, o funcionamento de uma equipe grande de cinema. O contato com os dois grandes diretores também foi muito bom. Tive de montar grandes equipes de execução aqui e pude verificar que não devemos nada a ninguém. Construímos cenários imensos com carpinteiros, cenotécnicos, pintores de arte, escultores, aderecistas, todos talentos nacionais. Aprendemos. Fotografia de Don McAlpine.

Filmagens de **Luar Sobre Parador** de Paul Mazursky e, a seguir, a montagem da parte mais ambiciosa da cenografia: a grande estátua do ditador

Villa Lobos – Uma Vida de Paixão, de Zelito Vianna, 1997

Neste filme, tivemos que falsificar várias épocas porque a história atravessa toda a vida do Maestro. Assim, por toda a trajetória uma atmosfera própria vai sendo moldada e acompanha o crescimento do personagem. Sempre digo que, se o cinema tem um projeto de linguagem específico, recriar uma história é buscar justamente essa atmosfera que favoreça o desenvolvimento da narrativa. Aqui, o que movia o mundo era a paixão pela música. A história dessa paixão e a vida de um gênio sendo contadas.

Filmamos os interiores das casas da infância e primeiro casamento em estúdio. Fizemos lá outras cenas também, como o hospital e os sonhos de menino. Construímos um cortiço carioca do começo do séc. XX no exterior do estúdio. Toda a filmagem de seqüências no Nordeste foi acompanhada de perto pelo cenógrafo Alexandre Meyer. A fotografia é de Walter Carvalho.

O Xangô de Baker Street, de Miguel Faria, 1998

Esse projeto foi especial e, certamente, a mais ambiciosa experiência de recriação de um mundo do passado que tive a oportunidade de participar: a segunda metade do século XIX. Verifiquei que o cinema brasileiro havia percorrido os séculos XVI, XVII, XVIII, mas ainda não tinha reproduzido satisfatoriamente o Segundo Império.

Nós nos baseamos em todas as informações possíveis, com pesquisa em todos os campos, mas também recriamos nosso universo de acordo com a história que queríamos contar, porque vale sempre lembrar que filme de ficção não é documentário, nem reconstituição arqueológica.

Em Xangô, chegamos à conclusão de que o sentido da imagem tinha que ser a pintura e não a fotografia, porque estávamos trabalhando na recriação de uma época em que toda referência do nosso imaginário passa pela pintura: o hiper-realismo de grande teor romântico. Decidimos, com Miguel e Lauro Escorel, diretor de fotografia, usar um truque fotográfico para que a imagem do filme não tivesse a dureza da fotografia e sim a leveza da pintura. Usou-se um aparelho que se constituía de uma espécie de antecâmara entre a lente e a cena, para criar o efeito desejado.

Cena de **O Xangô de Baker Street**
com o diretor de fotografia Lauro Escorel,
na verdadeira casa de Sherlock Holmes

Victor Moreira Lopes & Co.

O resultado? Brilhante! A imagem me lembra pintura e passa longe da fotografia documental.

Tive uma equipe de arte grande, com gente que esteve comigo em muitos outros filmes e outros que estão comigo até hoje. Alexandre Meyer, Cristina querida Cirne, Ana Anet, o meu filho Daniel, Ricardo Ferreira, Odair Zani, Chiquinho, entre outros.

Insistimos em recriar uma praça, onde a vida acontecia e que era uma característica importante do urbanismo do Rio. Fizemos vários cenários em link direto e alguns outros em estúdio, e algumas cenas externas no Rio (muitas noturnas). Fomos buscar a Sede do Império, a Corte Imperial às vésperas do século XX, para externas diurnas (e algumas noturnas) na cidade do Porto, em Portugal.

Os figurinos são de Marília Carneiro. A maquiagem de Juliana e Leslie. Bruno Stroppiana, produtor do filme, apoiou integralmente todas as reivindicações que lhe eram feitas fora do cardápio habitual. Sem essa atitude destemida, nada disso teria sido feito.

Essa direção de arte foi premiada na ABC e pela Academia Brasileira de Cinema.

Cenas de **O Xangô de Baker Street**
Maria de Medeiros como Sarah Bernhardt, Claudio Marzo como D. Pedro II, Anthony O´Donnell como Dr. Watson e Joaquim de Almeida como Sherlock Holmes

MARILIA
CARNEIRO

O Xangô de Baker Street
No set de filmagens, com Lauro Escorel, Marília Carneiro, a filha de Marcos – Maria –, e a atriz Maria de Medeiros

A Partilha, de Daniel Filho, 2000

A filmagem da adaptação da peça que fez um enorme sucesso, dirigida pelo Daniel Filho, foi uma valiosa experiência. Filmamos em estúdio os quatro interiores: apartamentos da mãe, dois andares da casa na Tijuca de uma das irmãs, o apartamento no Jardim Botânico de outra. Filmamos links importantes com o exterior do prédio da mãe, exterior locado em Copacabana. Fizemos as capelas do cemitério e o hall de elevador e escada do prédio, bem como a área de serviço do apartamento em estúdio também. O filme conta com um elenco de grandes atrizes: Glória Pires, Andréa Beltrão, Lilia Cabral e Paloma Duarte. Fotografia de Félix Monte.

No set de filmagens de **A Partilha**, com as atrizas Lilia Cabral, Paloma Duarte, Gloria Pires e Andréa Beltrão

O Vestido, de Paulo Thiago, 2001

Parte das filmagens aconteceram em locações em Sabará e Belo Horizonte, e outra parte em região próxima a Cuiabá, ao norte do Pantanal. Construímos, em estúdio no Rio, os interiores das casas, tanto a de Sabará quanto a do garimpo. Fizemos uso de links fotográficos, em backlights no estúdio, para ambos os casos. A coloração fria, sobre o branco da arquitetura colonial, de Minas, contrastava com a terra vermelha, o interior vermelho e a rusticidade da vila do garimpo. Fotografia de Gui Gonçalves.

Cenário de **O Vestido**

Benjamim, de Monique Gardemberg, 2002

Uma leitura muito feminina de um livro de Chico Buarque. Um trabalho delicado, elegante. Trabalhamos no presente, na raia da ficção com algumas cenas em que a memória nos remete a 1968. A mulher do presente é a mulher do passado. Para o homem, Benjamim, a vida e o tempo passam. Paulo José e a estreante Cléo Pires no elenco, entre outros. Os figurinos são de Marcelo Pies. Fotografia de Marcelo Durst.

Vinícius, de Miguel Faria, 2005

Vinícius foi um momento feliz. O Miguel não tinha um roteiro pronto, tinha a tarefa muito mais difícil de escolher, dentre as mais de 500 páginas de bom material, o que filmar. Um reencontro com os outros companheiros de Xangô: Marília Carneiro e Lauro Escorel. Para a parte ficcional, a maneira escolhida para mostrar a obra do poeta foi o palco. Decidimos por uma espécie de cabaré / casa noturna, com a presença do público, com uns traços que lembram também as boites do Rio de Janeiro, onde tudo começou. Direção de Arte em documentário? É...

Se Eu Fosse Você, de Daniel Filho, 2006

Uma comédia romântica elegante. Conseguimos chegar lá usando a criatividade somada a decisões de produção corretas. Trabalhamos em estúdio e em locações. Ocupamos um prédio de escola vazio, no Rio, onde resolvemos vários cenários. Filmamos também em duas casas num condomínio da Barra, interior e exterior. Mais uma vez, brilhante elenco encabeçado por Glória Pires e Tony Ramos. Um filme inteligente, engraçado. Fotografia de Zé Bob.

O Mistério de Irma Vap, de Carla Camurati, 2006

O roteiro é tão chegado à Baby Jane quanto à Irma Vap. Uma proposta ousada da Carla, do ator contracenando consigo mesmo. Uma comédia rasgada. Foi um longo trabalho de preparação. Havia a preocupação da falsa realidade e do teatral se misturarem demais. Quais as fronteiras?

Filmamos em locação na Av. Paulista, num de seus últimos casarões, que serviu de link para a casa de Cleide/Tony, personagens criados pelo Marco Nanini. Em locação para a casa de Darci e sua mãe Odete, vividos pelo Ney Latorraca. Os interiores de casa de Cleide foram filmados em estúdio, no Rio.

Todas as seqüências no teatro foram filmadas no antigo Teatro Adolpho Bloch. O cenário da peça Irma Vap, que aparece no palco, é do Mutti. Figurinos do Cao. Fotografia de Lauro Escorel.

Zuzu Angel, de Sergio Rezende, 2006

Filme de época é sempre interessante. Já tinha trabalhado com esta mesma época em O Que é Isso Companheiro? (1996), de Bruno Barreto, que também se passa no final dos anos 60.

Esse é um tempo vivo na memória de uma geração que está aí, até mesmo no poder. Mas nós não temos essas fronteiras tão claras em nossas lembranças. Uma agência bancária daquela época não tinha grandes semelhanças com as dos tempos de hoje. Exceto pelas mesas e cadeiras (mas mesmo essas mesas e cadeiras eram as da época). O mesmo acontece com o cenário de uma redação de jornal. Quase nenhuma semelhança com os dias de hoje. Carro na rua entrega o jogo e a paisagem do Rio está toda modificada e tomada por modernidades. Mas ainda encontramos alguns locais cujo enquadramento possibilitava sugerir aquela época.

Transformamos um antigo prédio escolar de Juiz de Fora em estúdio e montamos lá 14 cenários do filme. Filmamos também a casa de Zuzu, o tribunal militar, a praça onde prenderam o Stuart e o assalto ao banco. E também uma cena como se fosse no Central Park de Nova York.

Mais uma vez os anos de chumbo, retratados com cuidado, com base em pesquisas de imagens de época, mas sem perder o frescor da recriação, incluindo todas as possíveis licenças poéticas. Figurinos de Kika Lopes. Fotografia de Pedro Farkas.

O Veneno da Madrugada, de Ruy Guerra, 2006

O roteiro é baseado no livro La Mala Hora, um romance do Gabriel Garcia Marques considerado menor, mas que contém os genes do Cem Anos de Solidão. Assim, a saga do Cem Anos explica a existência daquele vilarejo onde se passa a história de La Mala Hora. A cidadezinha, perdida entre um rio e a floresta, está flutuando no tempo. Partindo desse pressuposto, tivemos a liberdade de trabalhar a cidade do Veneno da Madrugada como uma ilustração de um romance. Feita para filmar. E não queríamos que trouxesse dentro dela mesma uma herança cultural identificável. A arquitetura é sempre muito reveladora. Queríamos que fosse latino-americana, somada ao Brasil. Estão lá as marcas do colonial português, sem ortodoxia, mais a cor de barro, que dá um ar mais espanhol na arquitetura.

Cenários de **O Veneno da Madrugada**

Construímos a vila dentro de um sítio, em Xerém, RJ. Foi um trabalho grande. Os interiores foram feitos dentro da cidade mesmo, como o do hotel e outros sete cenários. Filmamos embaixo de chuva o tempo todo, e até a lama foi produzida.

Antes de tomarmos a decisão de construir, foram visitadas mais de 40 praças no Brasil inteiro, em cidades pequenas, com igreja e casario (o que é engraçado porque todas as cidades têm isso). Mas nenhuma tinha tudo o que queríamos. Ou mesmo que nos permitisse construir e modificar satisfatòriamente. Essa cidade não existia. Depois de construído, todo mundo olhava e dizia... Eu já vi esse lugar. Nós também. Em sonho.

Os interiores da praça, em link direto, proporcionavam ao Ruy filmar em planos seqüência, como era de seu desejo. E a câmera que se divide em vários olhares sobre os mesmos gestos teve seus ângulos e distâncias narrativas levados em consideração, para a implantação das construções. Uma aventura inesquecível! Figurinos de Kika Lopes. Fotografia de Walter Carvalho.

Cenários de **O Veneno da Madrugada**

Estudos e cenários para **Yerma**

Óperas

A ópera é um espetáculo de bel-canto. Um grande espetáculo musical. O lado cênico é complementar. Na ópera pode-se exagerar. Testar ao limite do absurdo todos os conceitos de cenografia teatral. Uma história cantada, um espetáculo cantado.

Adorei fazer Yerma, dirigida pelo Adolfo Celi aqui no Rio de Janeiro. Fiz uma montagem clássica de Carmen, dirigida por Sérgio Britto que também gostei muito; fiz Cosi Fan Tutte, adaptada ao princípio do século XX e passada no Brasil – fizemos como se fosse passada no Copacabana Palace. Na ópera vale tudo. E é uma delícia. O público embarca junto na viagem, contanto que se respeite a música. Fiz também a Tosca, dirigida pelo Ronaldo Daniel. No mundo da ópera, sou assíduo visitante.

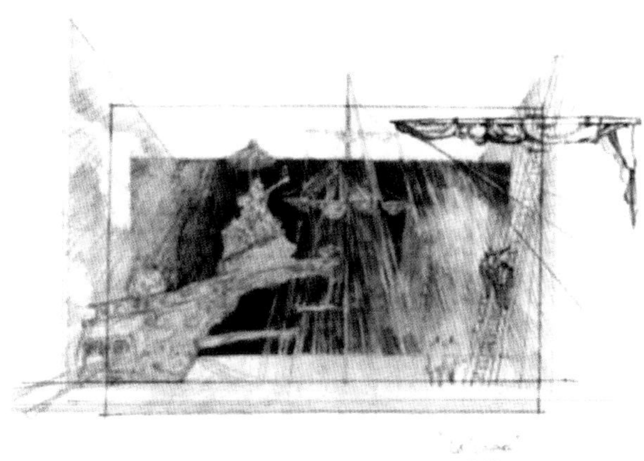

Desenhos de cenários para **La Gioconda**,
de Amilcare Ponchielli

Uma Carreira!

1964

A Tempestade (Cenografia)
William Shakespeare – Direção de Tite de Lemos
Teatro Nacional de Comédia, RJ

1965

Mortos Sem Sepultura (Cenografia e Figurinos)
Jean Paul Sartre – Direção de Paulo Affonso Grisolli
Teatro de Arena da Guanabara, RJ

A Vida Impressa em Dólar – Awake and Sing (Cenografia e Figurino)
Clifford Oddets – Direção de Paulo Affonso Grisolli
Teatro Dulcina e Teatro Jovem, RJ

O Labirinto (Cenografia e Figurino)
Arrabal – Direção de Luis Carlos Maciel
Teatro de Arena da Guanabara, RJ

Perversão (Cenografia e Figurino)
Jacques Prévert – Direção de Antonio Abujamra
Teatro Miguel Lemos, RJ

1966

João, Amor e Maria (Cenografia e Figurino)
Hermínio Bello de Carvalho – Direção de Kleber Santos
Teatro Jovem, RJ

Terror e Miséria do III Reich (Cenografia e Figurino)
Bertold Brecht – Direção de Paulo Affonso Grisolli
Teatro Serrador, RJ

Sr. Puntilla e seu Criado Matti (Cenografia)
Bertold Brecht 0150 Direção de Flávio Rangel
Teatro Guaíra, Curitiba, PR e Teatro Ginástico, RJ

Cartaz de **O Labirinto**

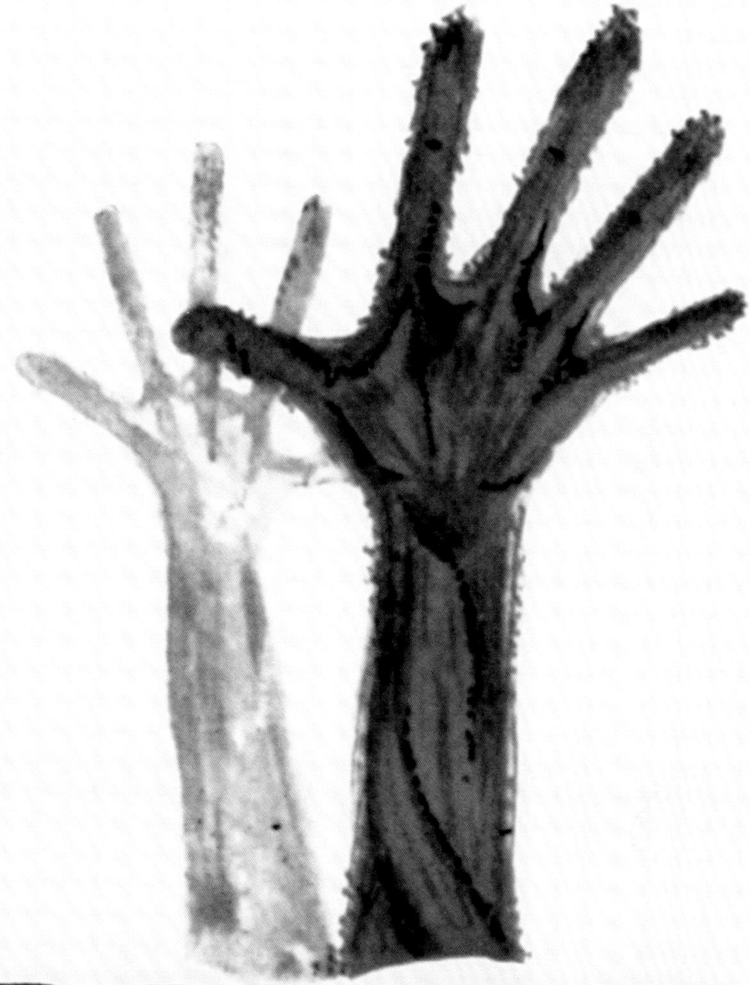

O LABIRINTO

DE FERNANDO ARRABAL

Cenda de **O Labirinto**, de Arrabal

João, Amor e Maria, de Hermínio Bello de Carvalho

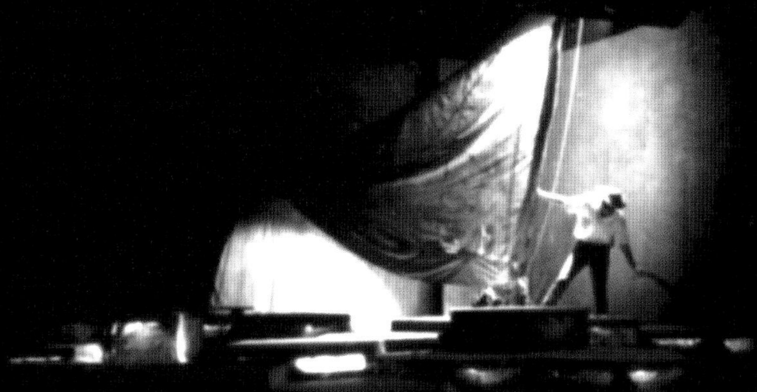

1967

Quatro Num Quarto (Cenografia e Figurino)
Valentin Katayev – Direção de José Celso Martinez Correa
Teatro Maison de France, RJ

Dois Perdidos Numa Noite Suja (Cenografia e Figurino)
Plínio Marcos – Direção de Fauzi Arap e Nelson Xavier
Teatro Nacional de Comédia, RJ

O Sétimo Dia (Cenografia e Figurino)
Ari Chen – Direção de Rubens Rocha Filho
Teatro João Caetano, RJ

1968

Poder Negro (Cenografia e Figurino)
Leroi Jones – Direção de Fernando Peixoto
Teatro Oficina, São Paulo

O Jardim das Cerejeiras (Cenografia)
Anton Tchecov – Direção de Ivan de Albuquerque
Teatro Ipanema, RJ

Hipólito (Cenografia)
Eurípedes – Direção de Tite de Lemos
Teatro Nacional de Comédia, RJ

1969

O Assalto (Cenografia e Figurino)
José Vicente – Direção de Fauzi Arap
Teatro Ipanema, RJ

Os Convalescentes (Cenografia e Figurino)
José Vicente – Direção de Gilda Grillo
Teatro Opinião, RJ

1970

Alice no País Divino Maravilhoso (Cenografia e Figurino)
Adaptação da obra de Lewis Carrol
Direção de Paulo Affonso Grisolli
Teatro Casa Grande, RJ

1972

Les Convalescents (Cenografia e Figurino)
José Vicente – Direção de Gilda Grillo
Théâtre Ranelagh, Paris

1973

Seria Cômico se não Fosse Sério – Play Strindberg
(Cenografia e Figurino)
Friedrich Dürrenmatt – Direção de Celso Nunes
Teatro Martins Pena, Brasília e Teatro Maison de France, RJ

O Amante de Madame Vidal (Cenografia)
Louis Verneuil – Direção de Fernando Torres
Teatro Maison de France, RJ

1974

Coriolano (Cenografia e Figurino)
William Shakespeare – Direção de Celso Nunes
Teatros Municipais de Santo André,SP; São Paulo,SP e Rio de Janeiro,RJ,
Teatro Maison de France

Cenas de **O Poder Negro**, de Leroi Jones,
com Ítala Nandi e Antonio Pitanga

Dr. Knock (Cenografia)
Jules Romain – Direção de Celso Nunes
Teatro Maison de France, RJ

O Ministro e a Vedete (Cenografia e Figurino)
Weber & Hannequin – Direção de Geraldo Queirós
Teatro Gláucio Gil, RJ

Antígona (Cenografia e Figurino)
Sófocles, adaptação de Millôr Fernandes – Direção de José Renato
Sala Cecília Meirelles, RJ

1975

Equus (Cenografia e Figurino)
Peter Shaffer – Direção de Celso Nunes
Teatro Maria Della Costa, SP

Pano de Boca (Cenografia e Figurino)
Fauzi Arap – Direção de Antônio Pedro
Teatro Gláucio Gil, RJ

Absurda Pessoa (Cenografia e Figurino)
Alan Aickburn – Direção de Renato Borghi
Teatro Treze de Maio, SP

1976

Equus (Cenografia e Figurino)
Peter Shaffer – Direção de Celso Nunes
Teatro Nelson Rodrigues, RJ

A Mais Sólida Mansão (Cenografia e Figurino)
Eugene O'Neill – Direção de Fernando Torres
Teatro Glória, RJ

Trivial Simples (Cenografia e Figurino)
Nelson Xavier – Direção de Ruy Guerra
Teatro Gláucio Gil, RJ

Cenas de **Absurda Pessoa,**
de Alan Aickburn,
com Tony Ramos

Cenas de Revista do Henfil,
de Henfil e O. Mendes,
com Sônia Mamede, como A Graúna

Cena de **É...**, de Millôr Fernandes,
com Fernanda Montenegro

1977

É... (Cenografia)
Millôr Fernandes – Direção de Paulo José
Teatro Maison de France, RJ

1978

Nó Cego (Direção, Cenografia e Figurino)
Carlos Vereza – Direção de Marcos Flaksman
Teatro Opinião, RJ

Sanduíche (Cenografia e Figurino)
Autores Diversos – Direção de Ary Coslov
Teatro Gláucio Gil, RJ

Revista do Henfil (Cenografia e Figurino)
Henfil e O. Mendes – Direção de Ademar Guerra
Teatro Galpão Ruth Escobar, SP

1979

Rasga Coração (Cenografia e Figurino)
Oduvaldo Viana Filho – Direção de José Renato
Teatro Guaíra, Curitiba, PR
Teatro Villa Lobos, RJ

1980

A Serpente (Direção, Cenografia e Figurino)
Nelson Rodrigues – Direção de Marcos Flaksman
Teatro Nelson Rodrigues, RJ

Campeões do Mundo (Cenografia e Figurino)
Dias Gomes – Direção de Antônio Mercado
Teatro Villa Lobos, RJ

1981

Ensina-me a Viver – Harold & Maude (Cenografia)
Collin Higgins – Direção de Domingos de Oliveira
Teatro Villa Lobos, RJ

1982

Amor Vagabundo (Cenografia)
Felipe Wagner – Direção de Domingos de Oliveira
Teatro Vanucci, RJ

Barrela (Cenografia e Figurino)
Plínio Marcos – Direção de Oswaldo Loureiro
Teatro Princesa Isabel, RJ

Band-age (Direção, Cenografia e Figurino)
Zé Rodrix e Miguel Paiva – Direção de Marcos Flaksman
Teatro Glória, RJ

1985

Um Bonde Chamado Desejo (Cenografia)
Tennessee Williams – Direção de Maurice Vaneau
Teatro Teresa Rachel, RJ

1987

Pluft, o Musical (Cenografia)
Maria Clara Machado – Direção de Antônio Pedro
Teatro João Caetano, RJ

1988

Louco de Amor – Fool for Love (Cenografia e Figurino)

Sam Shepard – Direção de Hector Babenco
Teatro Mars, SP

Morre um Coração Vulgar (Cenografia)
Bráulio Pedroso – Direção de Ítalo Rossi
Teatro Glória, RJ

1989

Louco de Amor – Fool for Love (Cenografia e Figurino)
Sam Shepard – Direção de Hector Babenco
Teatro dos Quatro, RJ

Perversidade Sexual em Chicago (Cenografia)
David Mamet – Direção de José Wilker
Teatro de Arena, RJ

1990

A Promessa (Cenografia)
Friedrich Dürrenmatt – Direção de Ivan de Albuquerque
Teatro Centro Cultural Banco do Brasil, Teatro Ipanema, RJ

Baixa Sociedade (Cenografia)
Juca de Oliveira – Direção de Oswaldo Loureiro
Teatro Vannucci, RJ

1991

Dólar, I Love You (Cenografia)
João Bethencourt – Direção de José Renato
Teatro de Arena, RJ

Cartaz de **Barrela**

Os atores apresentam

BARRELA

DE PLINIO MARCOS

1993

O Baile (Cenografia)
Ettore Scola – Direção de Dácio Lima
Teatro Glauce Rocha, RJ

A História é uma História (Cenografia)
Millôr Fernandes – Direção de Gracindo Jr.
Teatro Casa Laura Alvim, RJ

A Obscena Sra. D (Cenografia)
Hilda Hilst – Direção de Eid Ribeiro
Casa da Gávea, RJ

1993 / 94

Prezados Canalhas (Cenografia)
João Uchoa Cavalcanti – Direção de Gracindo Jr.
Teatro dos 4, RJ

2002

Nada de Pânico (Cenografia)
Michael Frayn – Direção de H. Dias
Teatro Villa-Lobos, Teatro João Caetano, RJ

Estudo de cenário para **O Mundo é um Moinho**, de Fauzi Arap

Cenas de **Os Sete Gatinhos**, de Neville D´Almeida

2003

Disse me Disse (Cenografia)
Direção de Gracindo Jr.
Teatro Municipal Paulo Gracindo, Petrópolis, RJ

O Mundo é um Moinho (Cenografia)
Autoria e direção Fauzi Arap
Teatro Leblon, RJ - SP

2004

K2 (Cenografia)
Direção de Celso Nunes
Teatro do CCBB DF, RJ, SP

2008

Traição de Harold Pinter.
Direção de Ary Coslov, Teatro Solar, RJ., 2008

2009

Produto
direção de Ary Coslov – Porão Laura Alvim , RJ, 2009

Imagens de **The Esmerald Forest**, de John Boorman

Moon Over Parador de Paul Mazursky. Panorämica

2010

A Carpa
Direção Ary Coslov – Teatro Leblon, RJ, 2010

Orfeu Negro - Tom e Vinícius - direçã o de Aderbal Freire Filho, Canecão, RJ, e HSBC, SP. E outros, 2010.

Conversando com mamãe
Direção de Herso Capri, Teatro dos Correios, RJ, 2010.

Cinema

1967

A Garota de Ipanema (Production designer)
Direção de Leon Hirszman, RJ

Brasil, Ano 2000 (Production designer)
Direção de Walter Lima Jr., RJ

1979

Os Sete Gatinhos (Production designer)
Direção de Neville D'Almeida, RJ

1983

Blame it to Rio (Production designer)
Direção de Stanley Donen, RJ

1984

The Emerald Forest (Direção de arte)
Direção de John Boorman
Belém, PA; Parati e Itatiaia, RJ

Running out of Luck (Production designer)
Direção de Julien Temple, RJ

1985

Where the River Runs Black (Prod uction designer)
Direção de Chris Cain
Belém, PA

Cena de **Os Trapalhões ae a fonte da Juventude**

Cena de **Where the River Runs Black**, de Chris Cain

Cena de **Xuxa e Os Trapalhões em O Mistério de Robin Hood**, de José Alvarenga Jr.

1986

Streets of Gold (Production designer)
Direção de Joe Roth
Nova York, EUA

1987

Luar Sobre Parador – Moon Over Parador (Direção de arte)
Direção de Paul Mazursky
Rio de Janeiro, Ouro Preto e Salvador

1989

Barrela (Production designer)
Direção de Marco Antônio Cury, RJ

1990

Xuxa e Os Trapalhões em O Mistério de Robin Hood
(Production designer) Direção de José Alvarenga Jr., RJ

1991

Os Trapalhões e a Árvore da Juventude (Direção de arte)
Direção de José Alvarenga Jr., RJ

1996

O Que é Isso, Companheiro? (Direção de arte)
Direção de Bruno Barreto, RJ

1997

Villa Lobos – Uma Vida de Paixão (Direção de arte)
Direção de Zelito Viana, RJ
Chrystal Lens por Melhor Direção de Arte
no 5th Brazilian Film Festival, Miami, 2001

1999

O Xangô de Baker Street (Direção de arte)
Direção de Miguel Faria, Rio de Janeiro, Portugal e Londres
Prêmio ABC (Associação Brasileira de Cinematografia),
Melhor Direção de Arte, 2002
Grande Prêmio da Academia Brasileira de Cinema,
Melhor Direção de Arte, 2002

That Girl From Rio (Direção de arte)
Direção de Christopher Monger, Rio de Janeiro e Londres

2000

A Partilha (Direção de arte)
Direção de Daniel Filho, RJ

2001

O Vestido (Direção de arte)
Direção de Paulo Thiago, RJ

2002

Benjamim (Direção de arte)
Direção de Monique Gardemberg, RJ
Chrystal Lens por Melhor Direção de Arte
no 8th Brazilian Film Festival, Miami, 2004

2003

Sexo, Amor e Traição (Direção de arte)
Direção de Jorge Fernando, RJ

2004

O Veneno da Madrugada (Production designer)
De Gabriel Garcia Márquez - Direção Ruy Guerra, RJ
Troféu Candango de Melhor Direção de Arte,
Festival de Cinema de Brasília, 2005

Vinícius (Production designer)
Direção Miguel Faria Jr., RJ

O Mistério de Irma Vap (Direção de arte)
Direção Carla Camuratti, RJ, SP

2005

Se Eu Fosse Você (Direção de arte)
Direção de Daniel Filho, RJ

Zuzu Angel (Direção de arte)
Direção de Sergio Rezende, RJ

2007

Primo Basílio (Direção de arte)
Direção Daniel Filho, RJ

2008

A Casa da Mãe Joana (Direção de arte)
Direção Hugo Carvana, RJ, 2008

Se Eu Fosse Você 2 (Direção de arte)
Direção de Daniel Filho, RJ

Tempos de paz – (Production designer)
Direção Daniel Filho, RJ

2009

Budapeste (Direção de arte)
Direção Walter Carvalho, RJ

High School Musical – O Desafio
Direção de Cesar Rodrigues, RJ, 2009.

2010

Não se preocupe, nada vai dar certo
Direção de Hugo Carvana, Ceará e RJ., 2010

Ópera

1976

Um Homem Só (Cenografia)
Guarnieri – Direção Antônio Pedro
Teatro João Caetano, RJ

Il Campanello (Cenografia)
Donizetti – Direção de Antônio Pedro
Teatro João Caetano, RJ

1983

Yerma (Cenografia)
Garcia Lorca e Heitor Villa Lobos – Direção de Adolfo Celi
Teatro Municipal, RJ

Estudo e cenário da ópera
Um Homem Só, de Guarnieri

1985

Werther (Cenografia)
Massenet – Direção de J. M. Monteiro
Teatro Municipal, RJ

Arthemis (Direção, Cenografia e Figurino)
A. Nepomuceno – Direção de Marcos Flaksman
Teatro Municipal, RJ

1987

Carmem (Cenografia)
Bizet – Direção de Sérgio Britto
Teatro Municipal, RJ

Cena do espetáculo **Nhamundá**,
de Renato Magalhães

1991

Canção da Terra (Cenografia)
Gustav Mahler – Direção de Fábio de Mello
Teatro Ziembinsky, RJ

1999

Cosi Fan Tutte (Cenografia)
Wolfgang Amadeus Mozart – Direção de Leon Major
Teatro Municipal, RJ

2003

Tosca (Cenografia)
Puccini – Direção de Ron Daniels
Teatro Municipal do Rio de Janeiro, RJ

Ballet

1976

Nhamundá (Cenografia e Figurinos em parceria com Carlos Vergara)
Coreografia de Renato Magalhães para música de Ernest Vidmer
Teatro Manchete e Maracanãzinho, RJ

Televisão

1981 / 1982 / 1983

Viva o Gordo (Cenografia)
Programa de Jô Soares – Direção de Cecil Thiré – TV Globo, RJ

Grandes Nomes; **Os Trapalhões**; **Aplauso**, e outros programas da linha de shows da TV Globo, RJ

Shows

1973

Panorama Brasileiro (Cenografia, Figurino, Projeto e Oper. de luz)
Música brasileira e de dança folclórica – Direção de Hermínio Bello de Carvalho
Olympia, Paris; Passage 44, Bruxelas; Hotel InterContinental, Colônia

1974

Festa Brasil (Cenografia, Figurino, Projeto e Operação de luz)
Música brasileira e de dança folclórica – Direção de Hermínio Bello de Carvalho
EUA e Canadá (17 Teatros em 4 meses)

1975

Feiticeira (Cenografia e Figurino)
Com Marilia Pêra, De Nelson Motta – Direção de Aderbal Jr.
Teatro Casa Grande, RJ

1980

Saudades do Brasil (Cenografia)
De Elis Regina – Direção de Ademar Guerra
Canecão, RJ, Teatro TUCA, SP

Lança Perfume (Cenografia)
De Rita Lee – Parque Anhembi, SP

1981

Ney Matogrosso (Cenografia)
De Ney Matogrosso – Direção de Amir Haddad

Canecão e Maracanãzinho, RJ; Anhembi, SP

Saúde (Cenografia)
De Rita Lee – Parque Anhembi, SP

1982

Nossos Momentos (Cenografia)

De Maria Bethânia – Direção de Bibi Ferreira
Canecão, RJ; Palace, SP

1983

Baby Consuelo e Pepeu Gomes (Cenografia)
Direção de Oswaldo Loureiro – Canecão, RJ

1985

Maria Bethânia (Cenografia e Operação de luz)
Punta del Este, Barcelona, Madrid, ESP

1998

Paulo Ricardo (Cenografia)
Metropolitan, RJ

1999

Engenheiros do Hawai (Cenografia)
Palace, SP

Arquitetura do Espetáculo

1975

Projeto para a Sala Corpo e Som, Museu de Arte Moderna, RJ

1976

Projeto de montagem e execução da Feira Nacional de Cultura Popular, Sesc/SP (2)

1977

Projeto para um Teatro de 700 lugares
Governo do Estado do Rio de Janeiro, 1977

Projeto para a Sala Funarte Sidney Miller (180 lugares)
Rio de Janeiro, 1977 (1)

Projeto de montagem e execução da II Feira Nacional de Cultura Popular
Sesc/SP (2)

Projeto de Praça de Circo (4000 lugares) e
Escola de Circo da Praça da Bandeira, RJ (1)

Projeto de Reforma Cenotécnica e projeto de Equipamento Cênico para o Teatro da Paz, Belém/PA (1)

1978

Projeto para o Teatro Escola Martins Pena,
Secretaria de Cultura do Estado do Rio de Janeiro

Projeto para o Teatro COBE (450 lugares), Copacabana, RJ

Projeto para o Teatro Galpão Ruth Escobar (480 lugares), SP

Projeto Cenotécnico e de Equipamento Cênico para um teatro de porte médio no Centro Cultural, Belém/PA (1)

1979

Projeto para Teatro da Prefeitura de Cabo Frio (530 lugares), RJ (1)

Projeto para um Espaço Múltiplo Noites Cariocas, Morro da Urca, RJ (1)

Projeto para o Teatro Sesc/Santos, Centro Cultural e Desportivo Sesc/Santos, SP (1)

1980

Projeto e Montagem de Palco e Cenografia para a Convenção da IBM
Hotel Nacional, RJ (2)

Projeto de Auditório para Música e Dança (300 lugares)
Centro Cultural e Desportivo Sesc/Bom Pastor, SP (1)

Projeto para o Centro Cultural e Desportivo do Sesc/Barra Mansa
incluindo um Teatro de Arena ao Ar Livre (1000 lugares)
e um Auditório Reversível para o Exterior (180 lugares), RJ (1)

1981

Projeto para o Teatro CENTUR (1200 lugares), Florianópolis/SC (1)

Consultoria para projeto de teatro, Caxias do Sul/RS

1982

Projeto para Reforma da Sala Principal e Criação de Sala para Concertos e Teatro para Bonecos, Teatro Sesc/Tijuca, RJ

Projeto de Palco, Estrutura Cênica, Maquinária Teatral e Angulação de Luz para o Teatro Palace, Casa de Shows, SP (1)

1984

Projeto para uma Sala Polivalente (320 lugares)
no formato de Arena Circular, dentro do Sesc/Copacabana
projeto de Oscar Niemeyer, RJ (1)

1986

Projeto para o Teatro Sesc/Friburgo (180 lugares), RJ

1988

Projeto para o Teatro Sesc/Niterói (180 lugares), RJ

Projeto para o Teatro Sesc/Campos (230 lugares), RJ (1)

1989

Projeto, Coordenação e Montagem da Exposição Vida e Obra de Carlos Drummond de Andrade, no Centro Cultural Banco do Brasil, RJ

1990

Supervisão de Projeto e Coordenação de Execução para o Teatro Sesc/Nova Iguaçú, RJ

1991

Projeto para a Restauração do Teatro Maison de France
Consulado da França, RJ (1)

Projeto para o Centro Cultural Belas Artes, com 4 salas de Cinema e um Teatro (450 lugares), SP (1)

Projeto para Palco ao Ar Livre, no Largo da Carioca, dentro do evento da Rio/92, RJ (2)

1992

Exposição Viva a Água, na Casa França-Brasil, RJ

Supervisão de projetos e de execução, nas áreas cenotécnica e de iluminação cênica, para a reforma do Teatro Carlos Gomes (1200 lugares), RJ

Assessoria de projeto arquitetônico e projeto cenotécnico, de iluminação cênica e de equipamentos para auditório do Instituto Cultural Itaú (240 lugares), SP

1993

Assessoria de projeto arquitetônico e projeto cenotécnico, de iluminação cênica e de equipamentos para o Teatro Sesc São Gonçalo (320 lugares), RJ

Projetos para Teatros I e II
no Centro de Compras Morumbi (240 e 700 lugares), SP

1994

Exposição Ruas do Rio, no Centro Cultural Banco do Brasil, RJ

Projeto para auditório Fronape (150 lugares), RJ

1995

Projeto para Teatro Municipal de Cabo Frio (350 lugares), RJ

1996

Projeto para Teatro Sesc Teresópolis (330 lugares), RJ

1997

Exposição de Gravura Brasileira, Galeria Sesc Copacabana, RJ

1998

Projeto de palco, iluminação cênica e assessoria para projeto arquitetônico para a Casa de Shows Via Funchal (4.500 lugares), SP

1999

Montagem da sala monumental da exposição da Coleção Constantini, Museu de Arte Moderna, RJ

(1) Projeto em colaboração com Carlos Cesar Pini

(2) Projeto em colaboração com Carlos Cesar Pini e Carlos Vergara

Prêmios

Prêmio **"Revelação de Cenógrafo"**, jornal "O GLOBO", 1965

Prêmio **"Molière"**, cenografia, 1965

Prêmio **"Molière"**, cenografia e figurino, 1968

Prêmio **"Secretaria de Turismo do Estado da Guanabara"**, cenografia, 1968

Quarto **prêmio no Concurso Nacional de Projeto para o Pavilhão do Brasil na Feira Internacional de Osaka,** Japão, 1969

Exposição Individual de Cenografia na IX Bienal de São Paulo, 1969

Menção Honrosa na Exposição de Mobiliário Urbano no Centro de Criação Industrial do Museu do Louvre, Paris, 1972

Prêmio **"Governador do Estado do Rio de Janeiro"**, cenografia, 1973

Prêmio **"Molière",** cenografia e figurino, 1975

Prêmio **"IBEU",** cenografia, 1976

Troféu **"Mambembe",** melhor cenografia, 1978

Prêmio **"Revelação de Diretor"** APCA (Associação Paulista de Críticos de Arte), 1980

Chrystal Lens for Best Art Direction (Villa-Lobos, uma vida de paixão), 5th. Brazilian Film Festival, Miami, 2001

Prêmio **ABC** (Associação Brasileira de Cinematografia)**, melhor Direção de Arte** (Xangô de Baker Street), 2002

Grande Prêmio **da Academia Brasileira de Cinema** (Xangô de Baker Street), Direção de Arte, 2002

Chrystal Lens for Best Art Direction (Benjamim), 8th. Brazilian Film Festival, Miami, 2004

Troféu Candango, melhor direção de arte (O veneno da madrugada), Brasília, 2005

Chrystal Lens for Best Art Direction (O Mistério de Irma Vap), 10th. Brazilian Film Festival, Miami, 2006

Prêmio **APTR melhor cenografia** (Traição, Harold Pinter), RJ., 2009

CRÉDITOS DAS FOTOGRAFIAS

Imagens acervo Marcos Flaksman

A despeito dos esforços de pesquisas empreendidos pela Editora para identificar a autoria das fotos expostas nessa obra, parte delas não é de autoria conhecida de seus organizadores. Agradecemos o envio ou comunicação de toda informação relativa a autoria e/ou a outros dados que porventura estejam incompletos, para que seja devidamente creditados

Coleção Aplauso

SÉRIE CINEMA BRASIL

Alain Fresnot – Um Cineasta sem Alma
Alain Fresnot

Agostinho Martins Pereira – Um Idealista
Máximo Barro

Alfredo Sternheim – Um Insólito Destino
Alfredo Sternheim

O Ano em Que Meus Pais Saíram de Férias
Roteiro de Cláudio Galperin, Bráulio Mantovani, Anna Muylaert e Cao Hamburger

Anselmo Duarte – O Homem da Palma de Ouro
Luiz Carlos Merten

Antonio Carlos da Fontoura – Espelho da Alma
Rodrigo Murat

Ary Fernandes – Sua Fascinante História
Antônio Leão da Silva Neto

O Bandido da Luz Vermelha
Roteiro de Rogério Sganzerla

Batismo de Sangue
Roteiro de Dani Patarra e Helvécio Ratton

Bens Confiscados
Roteiro comentado pelos seus autores Daniel Chaia e Carlos Reichenbach

Braz Chediak – Fragmentos de uma vida
Sérgio Rodrigo Reis

Cabra-Cega
Roteiro de Di Moretti, comentado por Toni Venturi e Ricardo Kauffman

O Caçador de Diamantes
Roteiro de Vittorio Capellaro, comentado por Máximo Barro

Carlos Coimbra – Um Homem Raro
Luiz Carlos Merten

Carlos Reichenbach – O Cinema Como Razão de Viver
Marcelo Lyra

A Cartomante
Roteiro comentado por seu autor Wagner de Assis

Casa de Meninas
Romance original e roteiro de Inácio Araújo

O Caso dos Irmãos Naves
Roteiro de Jean-Claude Bernardet e Luis Sérgio Person

O Céu de Suely
Roteiro de Karim Aïnouz, Felipe Bragança e Maurício Zacharias

Chega de Saudade
Roteiro de Luiz Bolognesi

Cidade dos Homens
Roteiro de Elena Soárez

Como Fazer um Filme de Amor
Roteiro escrito e comentado por Luiz Moura e José Roberto Torero

O Contador de Histórias
Roteiro de Luiz Villaça, Mariana Veríssimo, Maurício Arruda e José Roberto Torero

Críticas de B.J. Duarte – Paixão, Polêmica e Generosidade
Luiz Antonio Souza Lima de Macedo

Críticas de Edmar Pereira – Razão e Sensibilidade
Org. Luiz Carlos Merten

Críticas de Jairo Ferreira – Críticas de invenção: Os Anos do São Paulo Shimbun
Org. Alessandro Gamo

Críticas de Luiz Geraldo de Miranda Leão – Analisando Cinema: Críticas de LG
Org. Aurora Miranda Leão

Críticas de Ruben Biáfora – A Coragem de Ser
Org. Carlos M. Motta e José Júlio Spiewak

De Passagem
Roteiro de Cláudio Yosida e Direção de Ricardo Elias

Desmundo
Roteiro de Alain Fresnot, Anna Muylaert e Sabina Anzuategui

Djalma Limongi Batista – Livre Pensador
Marcel Nadale

Dogma Feijoada: O Cinema Negro Brasileiro
Jeferson De

Dois Córregos
Roteiro de Carlos Reichenbach

A Dona da História
Roteiro de João Falcão, João Emanuel Carneiro e Daniel Filho

Os 12 Trabalhos
Roteiro de Cláudio Yosida e Ricardo Elias

Estômago
Roteiro de Lusa Silvestre, Marcos Jorge e Cláudia da Natividade

Feliz Natal
Roteiro de Selton Mello e Marcelo Vindicatto

Fernando Meirelles – Biografia Prematura
Maria do Rosário Caetano

Fim da Linha
Roteiro de Gustavo Steinberg e Guilherme Werneck; Storyboards de Fábio Moon e Gabriel Bá

Fome de Bola – Cinema e Futebol no Brasil
Luiz Zanin Oricchio

Francisco Ramalho Jr. – Éramos Apenas Paulistas
Celso Sabadin

Geraldo Moraes – O Cineasta do Interior
Klecius Henrique

Guilherme de Almeida Prado – Um Cineasta Cinéfilo
Luiz Zanin Oricchio

Helvécio Ratton – O Cinema Além das Montanhas
Pablo Villaça

O Homem que Virou Suco
Roteiro de João Batista de Andrade, organização de Ariane Abdallah e Newton Cannito

Ivan Cardoso – O Mestre do Terrir
Remier

João Batista de Andrade – Alguma Solidão e Muitas Histórias
Maria do Rosário Caetano

Jorge Bodanzky – O Homem com a Câmera
Carlos Alberto Mattos

José Antonio Garcia – Em Busca da Alma Feminina
Marcel Nadale

José Carlos Burle – Drama na Chanchada
Máximo Barro

Liberdade de Imprensa – O Cinema de Intervenção
Renata Fortes e João Batista de Andrade

Luiz Carlos Lacerda – Prazer & Cinema
Alfredo Sternheim

Maurice Capovilla – A Imagem Crítica
Carlos Alberto Mattos

Mauro Alice – Um Operário do Filme
Sheila Schvarzman

Máximo Barro – Talento e Altruísmo
Alfredo Sternheim

Miguel Borges – Um Lobisomem Sai da Sombra
Antônio Leão da Silva Neto

Não por Acaso
Roteiro de Philippe Barcinski, Fabiana Werneck Barcinski e Eugênio Puppo

Narradores de Javé
Roteiro de Eliane Caffé e Luís Alberto de Abreu

Onde Andará Dulce Veiga
Roteiro de Guilherme de Almeida Prado

Orlando Senna – O Homem da Montanha
Hermes Leal

Pedro Jorge de Castro – O Calor da Tela
Rogério Menezes

Quanto Vale ou É por Quilo
Roteiro de Eduardo Benaim, Newton Cannito e Sergio Bianchi

Ricardo Pinto e Silva – Rir ou Chorar
Rodrigo Capella

Rodolfo Nanni – Um Realizador Persistente
Neusa Barbosa

Salve Geral
Roteiro de Sergio Rezende e Patrícia Andrade

O Signo da Cidade
Roteiro de Bruna Lombardi

Ugo Giorgetti – O Sonho Intacto
Rosane Pavam

Viva-Voz
Roteiro de Márcio Alemão

Vladimir Carvalho – Pedras na Lua e Pelejas no Planalto
Carlos Alberto Mattos

Vlado – 30 Anos Depois
Roteiro de João Batista de Andrade

Zuzu Angel
Roteiro de Marcos Bernstein e Sergio Rezende

SÉRIE CINEMA

Bastidores – Um Outro Lado do Cinema
Elaine Guerini

Série Ciência & Tecnologia
Cinema Digital – Um Novo Começo?
Luiz Gonzaga Assis de Luca

A Hora do Cinema Digital – Democratização e Globalização do Audiovisual
Luiz Gonzaga Assis De Luca

SÉRIE CRÔNICAS

Crônicas de Maria Lúcia Dahl – O Quebra-cabeças
Maria Lúcia Dahl

SÉRIE DANÇA

Rodrigo Pederneiras e o Grupo Corpo – Dança Universal
Sérgio Rodrigo Reis

SÉRIE MÚSICA

Rogério Duprat – Ecletismo Musical
Máximo Barro

Sérgio Ricardo – Canto Vadio
Eliana Pace

Wagner Tiso – Som, Imagem, Ação
Beatriz Coelho Silva

SÉRIE TEATRO BRASIL

Alcides Nogueira – Alma de Cetim
Tuna Dwek

Antenor Pimenta – Circo e Poesia
Danielle Pimenta

Cia de Teatro Os Satyros – Um Palco Visceral
Alberto Guzik

Críticas de Clóvis Garcia – A Crítica Como Ofício
Org. Carmelinda Guimarães

Críticas de Maria Lucia Candeias – Duas Tábuas e Uma Paixão
Org. José Simões de Almeida Júnior

Federico Garcia Lorca – Pequeno Poema Infinito
Antonio Gilberto e José Mauro Brant

Ilo Krugli – Poesia Rasgada
Ieda de Abreu

João Bethencourt – O Locatário da Comédia
Rodrigo Murat

José Renato – Energia Eterna
Hersch Basbaum

Leilah Assumpção – A Consciência da Mulher
Eliana Pace

Luís Alberto de Abreu – Até a Última Sílaba
Adélia Nicolete

Maurice Vaneau – Artista Múltiplo
Leila Corrêa

Renata Palottini – Cumprimenta e Pede Passagem
Rita Ribeiro Guimarães

Teatro Brasileiro de Comédia – Eu Vivi o TBC
Nydia Licia

O Teatro de Abílio Pereira de Almeida
Abílio Pereira de Almeida

O Teatro de Alberto Guzik
Alberto Guzik

O Teatro de Antonio Rocco
Antonio Rocco

O Teatro de Cordel de Chico de Assis
Chico de Assis

O Teatro de Emílio Boechat
Emílio Boechat

O Teatro de Germano Pereira – Reescrevendo Clássicos
Germano Pereira

O Teatro de José Saffioti Filho
José Saffioti Filho

O Teatro de Alcides Nogueira – Trilogia: Ópera Joyce – Gertrude Stein, Alice Toklas & Pablo Picasso – Pólvora e Poesia
Alcides Nogueira

O Teatro de Ivam Cabral – Quatro textos para um teatro veloz: Faz de Conta que tem Sol lá Fora – Os Cantos de Maldoror – De Profundis – A Herança do Teatro
Ivam Cabral

O Teatro de Noemi Marinho: Fulaninha e Dona Coisa, Homeless, Cor de Chá, Plantonista Vilma
Noemi Marinho

Teatro de Revista em São Paulo – De Pernas para o Ar
Neyde Veneziano

O Teatro de Samir Yazbek: A Entrevista –

O Fingidor – A Terra Prometida
Samir Yazbek

O Teatro de Sérgio Roveri
Sérgio Roveri

Teresa Aguiar e o Grupo Rotunda – Quatro Décadas em Cena
Ariane Porto

SÉRIE PERFIL

Aracy Balabanian – Nunca Fui Anjo
Tania Carvalho

Arllete Montenegro – Fé, Amor e Emoção
Alfredo Sternheim

Ary Fontoura – Entre Rios e Janeiros
Rogério Menezes

Berta Zemel – A Alma das Pedras
Rodrigo Antunes Corrêa

Bete Mendes – O Cão e a Rosa
Rogério Menezes

Betty Faria – Rebelde por Natureza
Tania Carvalho

Carla Camurati – Luz Natural
Carlos Alberto Mattos

Cecil Thiré – Mestre do seu Ofício
Tania Carvalho

Celso Nunes – Sem Amarras
Eliana Rocha

Cleyde Yaconis – Dama Discreta
Vilmar Ledesma

David Cardoso – Persistência e Paixão
Alfredo Sternheim

Débora Duarte – Filha da Televisão
Laura Malin

Denise Del Vecchio – Memórias da Lua
Tuna Dwek

Elisabeth Hartmann – A Sarah dos Pampas
Reinaldo Braga

Emiliano Queiroz – Na Sobremesa da Vida
Maria Leticia

Etty Fraser – Virada Pra Lua
Vilmar Ledesma

Ewerton de Castro – Minha Vida na Arte: Memória e Poética
Reni Cardoso

Fernanda Montenegro – A Defesa do Mistério
Neusa Barbosa

Fernando Peixoto – Em Cena Aberta
Marília Balbi

Geórgia Gomide – Uma Atriz Brasileira
Eliana Pace

Gianfrancesco Guarnieri – Um Grito Solto no Ar
Sérgio Roveri

Glauco Mirko Laurelli – Um Artesão do Cinema
Maria Angela de Jesus

Ilka Soares – A Bela da Tela
Wagner de Assis

Irene Ravache – Caçadora de Emoções
Tania Carvalho

Irene Stefania – Arte e Psicoterapia
Germano Pereira

Isabel Ribeiro – Iluminada
Luis Sergio Lima e Silva

Isolda Cresta – Zozô Vulcão
Luis Sérgio Lima e Silva

Joana Fomm – Momento de Decisão
Vilmar Ledesma

John Herbert – Um Gentleman no Palco e na Vida
Neusa Barbosa

Jonas Bloch – O Ofício de uma Paixão
Nilu Lebert

Jorge Loredo – O Perigote do Brasil
Cláudio Fragata

José Dumont – Do Cordel às Telas
Klecius Henrique

Leonardo Villar – Garra e Paixão
Nydia Licia

Lília Cabral – Descobrindo Lília Cabral
Analu Ribeiro

Lolita Rodrigues – De Carne e Osso
Eliana Castro

Louise Cardoso – A Mulher do Barbosa
Vilmar Ledesma

Marcos Caruso – Um Obstinado
Eliana Rocha

Maria Adelaide Amaral – A Emoção Libertária
Tuna Dwek

Marisa Prado – A Estrela, O Mistério
Luiz Carlos Lisboa

Mauro Mendonça – Em Busca da Perfeição
Renato Sérgio

Miriam Mehler – Sensibilidade e Paixão
Vilmar Ledesma

Naum Alves de Souza: Imagem, Cena, Palavra
Alberto Guzik

Nicette Bruno e Paulo Goulart – Tudo em Família
Elaine Guerrini

Nívea Maria – Uma Atriz Real
Mauro Alencar e Eliana Pace

Niza de Castro Tank – Niza, Apesar das Outras
Sara Lopes

Paulo Betti – Na Carreira de um Sonhador
Teté Ribeiro

Paulo José – Memórias Substantivas
Tania Carvalho

Pedro Paulo Rangel – O Samba e o Fado
Tania Carvalho

Regina Braga – Talento é um Aprendizado
Marta Góes

Reginaldo Faria – O Solo de Um Inquieto
Wagner de Assis

Renata Fronzi – Chorar de Rir
Wagner de Assis

Renato Borghi – Borghi em Revista
Élcio Nogueira Seixas

Renato Consorte – Contestador por Índole
Eliana Pace

Rolando Boldrin – Palco Brasil
Ieda de Abreu

Rosamaria Murtinho – Simples Magia
Tania Carvalho

Rubens de Falco – Um Internacional Ator Brasileiro
Nydia Licia

Ruth de Souza – Estrela Negra
Maria Ângela de Jesus

Sérgio Hingst – Um Ator de Cinema
Máximo Barro

Sérgio Viotti – O Cavalheiro das Artes
Nilu Lebert

Silnei Siqueira – A Palavra em Cena
Ieda de Abreu

Silvio de Abreu – Um Homem de Sorte
Vilmar Ledesma

Sônia Guedes – Chá das Cinco
Adélia Nicolete

Sonia Maria Dorce – A Queridinha do meu Bairro
Sonia Maria Dorce Armonia

Sonia Oiticica – Uma Atriz Rodriguiana?
Maria Thereza Vargas

Stênio Garcia – Força da Natureza
Wagner Assis

Suely Franco – A Alegria de Representar
Alfredo Sternheim

Tatiana Belinky – ... E Quem Quiser Que Conte Outra
Sérgio Roveri

Theresa Amayo – Ficção e Realidade
Theresa Amayo

Tony Ramos – No Tempo da Delicadeza
Tania Carvalho

Umberto Magnani – Um Rio de Memórias
Adélia Nicolete

Vera Holtz – O Gosto da Vera
Analu Ribeiro

Vera Nunes – Raro Talento
Eliana Pace

Walderez de Barros – Voz e Silêncios
Rogério Menezes

Walter George Durst – Doce Guerreiro
Nilu Lebert

Zezé Motta – Muito Prazer
Rodrigo Murat

ESPECIAL

Agildo Ribeiro – O Capitão do Riso
Wagner de Assis

Av. Paulista, 900 – a História da TV Gazeta
Elmo Francfort

Beatriz Segall – Além das Aparências
Nilu Lebert

Carlos Zara – Paixão em Quatro Atos
Tania Carvalho

Charles Möeller e Claudio Botelho – Os Reis dos Musicais
Tania Carvalho

Cinema da Boca – Dicionário de Diretores
Alfredo Sternheim

Dina Sfat – Retratos de uma Guerreira
Antonio Gilberto

Eva Todor – O Teatro de Minha Vida
Maria Angela de Jesus

Eva Wilma – Arte e Vida
Edla van Steen

Gloria in Excelsior – Ascensão, Apogeu e Queda do Maior Sucesso da Televisão Brasileira
Álvaro Moya

Lembranças de Hollywood
Dulce Damasceno de Britto, organizado por Alfredo Sternheim

Maria Della Costa – Seu Teatro, Sua Vida
Warde Marx

Mazzaropi – Uma Antologia de Risos
Paulo Duarte

Ney Latorraca – Uma Celebração
Tania Carvalho

Odorico Paraguaçu: O Bem-amado de Dias Gomes – História de um personagem larapista e maquiavelento
José Dias

Raul Cortez – Sem Medo de se Expor
Nydia Licia

Rede Manchete – Aconteceu, Virou História
Elmo Francfort

Sérgio Cardoso – Imagens de Sua Arte
Nydia Licia

Tônia Carrero – Movida pela Paixão
Tania Carvalho

TV Tupi – Uma Linda História de Amor
Vida Alves

Victor Berbara – O Homem das Mil Faces
Tania Carvalho

Walmor Chagas – Ensaio Aberto para Um Homem Indignado
Djalma Limongi Batista

Coleção Aplauso
Série Especial

Coordenador Geral	Rubens Ewald Filho
Editor Assistente	Claudio Erlichman
Assistente	Charles Igor Bandeira
Projeto Gráfico	Via Impressa Design Gráfico
Direção de Arte	Clayton Policarpo Paulo Otavio
Editoração	Douglas Germano Deiverson Rodrigues Emerson Brito
Tratamento de Imagens	José Carlos da Silva
Revisão	Wilson Ryoji Imoto

Biblioteca da Imprensa Oficial do Estado de São Paulo

Assis, Wagner de

Marcos Flaksman: universos paralelos / por Wagner de Assis – São Paulo : Imprensa Oficial do Estado de São Paulo, 2010.

168p. : il. – (Coleção Aplauso. Série especial / Coordenador geral Rubens Ewald Filho).

ISBN 978-85-7060-907-6

1. Cenógrafo – Brasil – Biografia 2. Teatro – Montagem e cenário 3. Flaksman, Marcos, 1944 I. Ewald Filho, Rubens. II. Título. III. Série.

CDD 792.025

Índice para catálogo sistemático:

1. Brasil: Cenógrafo: Biografia 927

impresso no brasil / 2010

Foi feito o depósito legal na Biblioteca Nacional
[Lei no 10.994, de 14/12/2004]

Imprensa Oficial do Estado de São Paulo
Rua da Mooca, 1921 Mooca
03103-902 São Paulo SP
www.imprensaoficial.com.br/livraria
livros@impresaoficial.com.br
SAC 080001234 01
sac@imprensaoficial.com.br

imprensaoficial

Imprensa Oficial do Estado de São Paulo

diretor industrial
Teiji Tomioka

diretor financeiro
Clodoaldo Pelissioni

diretora de gestão de negócios
Lucia Maria Dal Medico

gerente de produtos editoriais e institucionais
Vera Lúcia Wey

Formato	19 x 25cm
Papel Miolo	Couché fosco 150g/m²
Papel Capa	Triplex 350g/m²
Tipologia	ChaletComprime, Univers
Número de páginas	168
CTP, Impressão e Acabamento	Imprensa Oficial do Estado de São Paulo

Nesta edição, respeitou-se o novo
Acordo Ortográfico da Língua Portuguesa